新L型経済

コロナ後の日本を立て直す

冨山和彦　田原総一朗

角川新書

はじめに――日本再生のカギは現場にある

実践の人、冨山和彦

僕（田《た》原《はら》総《そう》一朗《いちろう》）が初めて冨《と》山《やま》和《かず》彦《ひこ》という名前を知ったのは、「カネボウ再生」の立役者として人から紹介されたときのことだった。カネボウは日本を代表する繊維企業でありながら、トップが腐敗し、二〇〇〇年代に入ってから粉飾決算を繰り返していた。実態は債務超過だったにもかかわらず、大量の架空の売り上げをでっち上げ、市場を欺いていた。今から考えれば、それは昨今の東芝の粉飾決算にもつながってくる問題であり、日本型経営が生むひずみ、根本的な問題を象徴的に示していたように思う。

冨山さんは日本型経営と現場で戦い、徹底的に改革し、カネボウやＪＡＬ（日本航空）といった様々な企業を再生させてきた。その時から、今まで印象はまったく変わっていない。冨山さんは何より実務の人だ。抽象的な話をせずに、すべてにおいて具体的に語る。

この本の中でも、自身が手がけた企業再生や自身が経営するバス事業を引き合いに出しながら地方の問題、日本型経営の問題を語っている。冨山さんの言葉には、自分で手を動かしてきた人間にしか語ることができない重みがある。

経済や経営を語るエコノミストたちの多くは、大学やシンクタンクに所属している評論家然とした人が多い。彼らは理屈を組み立てて、分析はできるが実際に手を動かすことはしない。いつも分析ばかりで、自分ならどうするという具体的な話が乏しく、ビジョンがない。これは「行き過ぎた資本主義」や「新自由主義」を批判する人々も変わらない。昔から「資本主義はやがて終わる」という話が繰り返されてきて、最近もブームになっているのだが、いったいその先はどんな経済システムに変わるのかという具体的なビジョンは示されない（ビジョンを示して注目を集めるのは『人新世の「資本論」』で脚光を浴びる経済学者の斎藤幸平《さいとうこうへい》ぐらいだろう）。

その悪癖を野党も引きずっている。第二次安倍晋三《あべしんぞう》政権は二〇一二年一二月から二〇二〇年九月までの長期政権となったが、経済政策についていえば、野党はずっと安倍が掲げた経済政策「アベノミクス」を批判するだけだった。

野党が単独でも連立でも、協力でもなんでもいいが政権を取ったとして、いったい何をしたいのか経済再生のための具体策とビジョンを示せと、僕は立憲民主党の枝野幸男《えだのゆきお》にも、日本共産党の志位和夫《しいかずお》にも言ってきた。アベノミクス批判ではなく、対抗するビジョンを示すべきだと言ってきたが、いまだに魅力的なビジョンは出てこない。野党こそ政権構想や地に足のついた具体策を示すことが大事であるのに、国会で国民に響かない批判を繰り返している。現状では単なる自民党の批判勢力だ。国民はそのスタイルに魅力を感じていないから、野党の議席は伸びないまま、永田町《ながたちょう》では緊張感を欠いた政治が続いている。

メディアを見渡せば、具体的な話を欠いたままの評論ばかりが目に付く。しかし、それでは何も変えることができない。日本型経営を変えるべきだといくらいっても、机上《きじょう》の空論で終わる。実際に何をどう変えるのか。日本型企業のどこに弱点があり、強みを活かすためにはどうしなければいけないのか。必要な知恵は常に現場に宿る。

冨山さんはとことん実践の人だ。常に現場を知っているから話に説得力がある。そのうえで、現場だけで視点が完結していない。現場から引いたところで、きちんと数字を分析し、改善点を指摘する再生のプロである。現場を知るだけでなく、現場を俯瞰《ふかん》し、提言を出すことで、企業や地域経済を再生させてきた稀有《けう》な経験の持ち主だ。僕は今回の対談で、冨山さんの魅力を再認識した。

地方再生のカギは地方「都市」

今回の対談を通じて、特に僕が目からウロコが落ちたのは地方再生についての提言だ。地方を立て直すために何が必要なのかという具体的な話は、本書の中にあるが、ここで要点だけ示しておく。僕はこれまで地方に仕事がないから人口が増えないと思ってきた。仕事を作ることが先で、人が集まるのは後だと考えてきた。政治家も官僚もそうした視点で「地方創生」を語ってきた。だが、冨山さんは問題の本質は逆だという。

僕もかつて地方の問題を積極的に取材していた時期がある。地方に建設が進んだ原子力発電所の問題や公害などの都市問題について現場の人々に話を聞いていた。その時、実感したのが、田中角栄《たなかかくえい》のやり方は「正しかった」ということだ。

人口が黙っていても勝手に増えていくのに、田中の地盤である新潟、そして日本海側には仕事がなかった。全国の農村にも仕事がなかった。だから、都市に人口が集中していく。都市は公害という問題も抱えながらも、しかし経済的には大いに発展していった。取り残されるのは、地方ばかりだ。だから、田中角栄は公共事業という形で仕事をつくり、高速道路と新幹線、そして空港をつくり陸と空から日本中がつながるという構想を打ち出した。

さらに原子力発電所や大企業の規模の大きい工場を地方に誘致することで、地元に人が残れるシステムを作り出した。要するに産業と交通網を作ることで、都市にばかり発展が集中しないようにしようとした。これは人口が増えている時代には最適の政策だったといえる。

でも、今は人口減少時代だ。いつの間にか、僕も人口が増えている時代の枠組みを前提に物事を考えていた。しかし、それではいけないと冨山さんの話を聞いて痛感させられた。

今はかつてと違い、人口は増えない。また冨山さんが語っているように、実は地方では働き手が不足しており、潜在的な仕事のニーズはずっと存在している。医療・介護のニーズがこれから先も減ることはないことは誰の目にも明らかだ。そして、コロナ禍で注目されたような運輸産業も最後は人間が運ばないといけないし、都市部ならば保育だって必要とされるだろう。高齢化は、冨山さんが経営しているようなバスを頻繁に利用する人々が大量に生まれることを意味している。

こうした産業に就く人々を地方は欲している。人間が顔を突き合わせてやっていかざるを得ない仕事は、ローカルの現場に最後まで残っている。だからこそ、意図的に地方に人を先に増やすための政策を行うことで、仕事が増え経済が回るというのが冨山さんの論理だ。

そのために大事なのが、地方創生で議論されがちな限界集落ではなく、三〇万人規模の地方都市だと冨山さんはいう。都市に人が集まっていれば、サービス産業を中心に仕事が生まれ、地方はもう一度活性化していく道が見えてくる。その具体的な根拠も実践への道筋もすでに冨山さんの頭の中にある。

東京一極集中の弱点はコロナ禍で明らかになった。人口密度と流行は明らかに関係している。次の感染症が出てこないという保証はどこにもなく、グローバリゼーションが進行した世界は常にリスクにさらされている。その意味では、冨山さんの地方再生の提言は時代に適応した次の感染症対策とも言えると思う。

日本を変えるのは新たな「現役世代」

僕と冨山さんには少しだけ共通項がある。それは、日本型経営の大きな特徴である終身雇用の枠からはみ出してしまったことだ。冨山さんは外資系のコンサルティング会社を皮切りに、企業再生のプロとして独立独歩の道を歩んできた。僕の場合は、新卒で入った岩波映画製作所を四年でやめ、立ち上がったばかりの東京12チャンネル（今のテレビ東京）に入社した後、やはり十四年で辞めて、以降は独立したジャーナリストとして歩んできた。

もし、あのとき会社を飛び出さずにずっと残っていたらどうなっただろうかと考えるときがある。おそらく、僕のキャリアは六〇歳で終わっていた。定年退職をした後は、もう取材することもなく、余生を過ごすだけの人生になっていたと思う。今のように取材ができているのも、あの時に会社を辞めたからだ。僕はドロップアウトしたことで、ジャーナリストとして八七歳を迎える今でも現役で仕事ができている。

日本型経営は、新卒一括採用、内部で人材を競わせる出世競争が特徴としてある。このシステムは、高度経済成長時代には良かった。平等に競い合うことで、誰もが課長を目指し、部長を目指せたし、それが社員のモチベーションにもつながっていった。

僕は松下電器（現パナソニック）を一代で世界的な企業に成長させた松下幸之助《まつしたこうのすけ》から直接、彼が実践していた経営の極意を聞いたことがある。松下の考えのポイントを端的に示すのならば「経営とは社員のモチベーションを保つこと」。松下は、特に誰もが出世を目指せること、つまり平等な競争からモチベーションが生まれると考えていたし、実際に一九八〇年代はその方法が機能していた。ある時までは最先端の経営だった。

だが、今はそのやり方がむしろ硬直性を生んでいる。僕は百人を超えるベンチャー企業経営者をインタビューしてきたが、典型的な起業パターンがあると感じていた。それは大企業に入り、六、七年目で限界を感じてしまい、独立して起業したというものだ。彼らのような優秀な人材は、日本型企業の出世競争に何の魅力も感じず、むしろ先が見えることがつまらなくなってしまい起業という道を選んでいた。

言い換えれば、上から言われた仕事をきちんとこなし、社内で飛び出すこともなく、人間関係をきちんと保つことができる人間が大企業に残っているということだ。だから、勤めている会社の粉飾決算を知っていたとしても言い出せない。こんな企業文化でいいのかといえば、当然ダメだ。これからの時代に良いことは何一つない。

コロナ禍はこれまでの機能不全を変えていくための好機でもある。パンデミックはいつか終わる。終わった先の構想を描ける時間は今しかない。冨山さんの話を日本各地で実現させていくために、新しいチャレンジを生まれ育った故郷でやってみようとか、これまでの経験を別の道で活かしてみようという人が次々と出てくれば日本は変わる。

今は「人生百年時代」だ。「現役世代」も今まで以上に広がっていて、チャレンジは若者だけの専売特許ではなくなっている。この本を読んだ「現役世代」が刺激を受けて、都市や大企業といった枠からどんどんはみ出ていってほしいと思う。

二〇二一年三月

田原　総一朗

目次

第二章　グローバルIT企業は雇用を生まない　49
――日本経済はなぜ行き詰まったのか

第一章　観光立国構想の蹉跌

――コロナ禍がもたらした経済の停滞

ＧｏＴｏキャンペーンの何が問題だったのか

田原　まず一連のＧｏＴｏキャンペーンの話から始めたい。

二〇二〇年初頭から全世界的な問題となった新型コロナウイルス。その経済的な影響の一つにグローバルな人の行き来ができなくなってしまったことがある。コロナショック以前まで、少子化により地方の人口がどんどん減っていくなかで、地方創生をどうすればいいのかを考えた時に有効な解決策だと考えられていたのが観光だった。たとえば、国土交通白書（二〇二〇年版）にはこんな記述がある。

「観光は、急速な成長を遂げるアジアをはじめとする世界の需要を取り込むことによって、人口減少・少子高齢化が進展する中、国内外からの交流人口の拡大によって地域の活力を維持し、社会を発展させるとともに、諸外国との双方向の交流により、国際相互理解を深め、国際社会での日本の地位を確固たるものとするためにも、極めて重要な分野である」

地方創生・地域活性化の取り組みという項目にもきちんと一節を割いて、「城泊・寺泊やスノーリゾートなど、多様な地域の資源を活《い》かしたコンテンツづくりや、キャッシュレス対応・多言語対応・無料Ｗｉ―Ｆｉ整備等の受入環境整備の推進等を通じて、魅力ある観光地域づくりを進める」と書いてある。

地方に、東京から、海外から人を呼び寄せて、お金を落としてもらう。実際に日本政府観光局の統計によれば、インバウンドの数は、二〇一〇年は八六一万人に過ぎなかったが、二〇一九年には三一八八万人にまで増えている。これで潤ったという声は少なくなかった。

この政策を推し進めていたのが、七年八ヶ月続いた安倍晋三政権。その中枢で観光政策の音頭をとってきたのが、安倍政権の官房長官で、二〇二〇年九月から首相になった菅義《すがよし》偉《ひで》。彼は観光政策を推し進めてきて、かなり自信を持っていた。

ところが、コロナウイルスが世界的なパンデミックとなり、二〇二〇年四月に緊急事態宣言も出されるなかで、日本も世界も人の移動を大きく制限する政策が行われた。その結果インバウンドどころか国内の観光も壊滅状態になった。そこで、地方をどうするかという問題が出た時に、公明党がコロナの初期に、ＧｏＴｏキャンペーンと言い出した。

冨山　公明党が提案していたんですね。

田原　ただし、公明党はＧｏＴｏキャンペーンをやるのは、コロナ問題が一段落した後だと言っていた。ところが、一段落するどころか、七月になって、またコロナウイルスの感染者が拡大している最中、東京を除外するという形で七月二二日からＧｏＴｏキャンペーンの柱であるＧｏＴｏトラベル事業を強行したのが安倍政権だった。観光業者や旅行業者やみんなが悲鳴をあげて、その悲鳴を一番聞いていたのが自民党幹事長の二階俊博《にかいとしひろ》、そして官房長官（当時）だった菅のライン。二階─菅ラインは観光業者から相当きついという声を聞いていたんだと思う。だから多少強引にでもスタートしたんじゃないか。

冨山　基本的には政府の読み違えはあったように思います。政府も七月に感染者数が大きく増加することを想定できていなかったのでしょう。やる前提で走り出してしまったものを急に引っ込めるわけにはいかなくなったのだと推測しています。その後、いったん落ち着いて菅新政権としてはＧｏＴｏキャンペーンをやっておいて良かったかな、と思ったら年末に向かって第三波で大騒動になっています（二〇二〇年一二月現在）。

しかし、問題の本質はいつ始めるべきだったかではないと思います。飲食、観光というのは二月くらいから前年比が激減という状況になりました。二〇二〇年の四月と五月の訪日外国人数は前年同月比九九・九％減です。新型コロナウイルスが流行し始めてから、日本だけでなくほとんどの国が出入国制限をかけていて、インバウンドはほぼゼロと言っていいでしょう。

私が元産業再生機構のメンバーと設立したＩＧＰＩグループでは、再生支援をきっかけにして、東日本を中心にした五〇〇〇人の従業員を抱えている「みちのりホールディングス」を保有しています。みちのりグループはバス、鉄道、タクシー、それにホテルを経営しているので、経営の苦しさはとてもよくわかります。東北《とうほく》地方のバス事業、観光事業もやはり軒並み大打撃です。リーマンショックの時は、こうした事業はさほど打撃を受けませんでした。しかし、貸切りバスや高速バスを中心に二月から大幅な減収に転じ、これはかつてない危機が押し寄せていると実感しました。

では、政策的にどうだったか。

残念ながら感染者数が大きく増えている状況ではどこからであってもあまり人は来てくれません。キャンペーンをやっても、現実には昔の水準で人は来てくれないので、感染増加期には追加の貸付＋給付金という従来通りのスキームの拡充で観光業者を支えていくというほうが、現実的な答えになっていると思います。ワクチンが有効に機能し、治療薬も出てきて、パンデミックが終息するまでは、おそらくブレーキとアクセルを踏み変える展開の繰り返しになるでしょう。

地方の観光業者が困っている、すぐにお金が回るようになんとかしてくれという議論と、ＧｏＴｏキャンペーンという政策は、少なくとも感染者数が多い状況、もしくはいつ増えるかわからないという状況下においては、かみ合わせが難しい。

そもそも、この手のキャンペーンで初手から東京を外してしまっては、まず狙った通りの経済効果が出ません。東京は日本で一番人口が多く、かつ所得が多い人が住む街です。ここから人を動かしていかないと、経済効果という意味では薄くなります。私は中途半端に制度を引っ張るよりは、ＧｏＴｏキャンペーンのプログラムは残しておくけれど感染拡大期には機動的に執行を停止し、直ちに違う政策を立てて、そっちに予算を移してしまったほうがよかったように思います。

コロナの状況下で、特に重く考えないといけないのは、ほぼ全部が初めてという新しい状況であるということです。まったく未知の感染症と戦いながら、ここで経済を回していくという経験は、今の現役政治家や経営者、ビジネスパーソンで「自分はやったことがある」という人はまずいない。それくらい特殊な状況です。

こうした状況下に置いて大切なのは、政策にしても経営判断にしても柔軟に方向転換ができるようにしておくこと。ところが、柔軟な方向転換というのは、平時でも日本人がものすごく苦手としていますす。一回右にハンドルを操作してしまうと、官邸ですら切り返すことができないまま、なぜか走り出してしまう。

ＧｏＴｏキャンペーンそのものが悪い政策だとは思いませんが、これを臨機応変に停止して休業補償を機動的に出す政策とダイナミックに切り替えられるような構えが必要です。日本は様々な行政作用が各官庁、地方自治体、そして民間のプレイヤーとで分かれて働いているので、実行はなかなか難しいんですが。

一〇年代のインバウンドは大量安売り型

田原　本当は安倍と、コロナ担当となった西村康稔《にしむらやすとし》は、ＧｏＴｏキャンペーン、特に七月開始にあまり賛成ではなかったと思う。ところが二階─菅ラインに押し切られてしまった。安倍さんの最大の欠点は、彼らに「ノー」と言えないこと。たとえば小泉純一郎《こいずみじゅんいちろう》なら、すぐにノーと言ったと思うが、彼はノーと言えない。
ノーと言えないことによる弊害が、全国民にマスクを配布するという政策でも出てきたし、ここでも出てきた。彼はノーと言えなかっただけなので、なぜ七月二二日からキャンペーンを始めなくてはならなかったのか、国民の前で説明できなかった。

冨山　ビジネスの世界でも日本型組織の構造的な問題はノーと言わない人が偉くなっていくという問題があります。ダメだとみんなが思っているのに方向転換ができない、舵《かじ》が切れなくなってしまうことに、実はたいした理由はないんです。誰かが強く賛成して推し進めた時に、自分がノーと言わなかったというだけというケースが多々見られます。

たとえば前の社長が肝いりで始めて、大成功した事業があったとします。その事業は現在においては誰もが時代に遅れていて、続けても赤字が拡大するだけだから早くやめたほうがいいと思っている。でも、やめられない。これはなぜかと言えば、そこに空気と忖度《そんたく》があるからです。自分もダメだと思っていても、ノーと言わないことで社長になった人は事業をやめる決断ができない。今さらやめようにも「あなたはなぜノーと早く言わなかったのか。責任問題だ」と言われるのを恐れますし、周囲の幹部も自分に責任問題の矛先が向くのを恐れるからです。私は企業再生の現場でこうした事例を山ほどみてきました。

結局、「とりあえず続けよう」という空気とそこには触れないという「忖度」だけが残り、ほんとうに凄惨《せいさん》な状況になっていく。都知事も務めた作家の猪瀬《いのせ》直樹《なおき》さんの『昭和16年夏の敗戦』（中公文庫）に無謀な計画のまま戦争を始め、一九四五年八月一五日に日本中が焼け野原になるまで戦争を終わらせることができなかった御前会議の様子が描かれていますが、構造的には同じです。これは日本型組織が共通で抱えている病気ですね。

田原　冨山さんは、和歌山で空港事業（南紀白浜空港《なんきしらはま》の運営）も手がけている。和歌山の状況はどうですか。

冨山　緊急事態宣言の状況では飛行機に誰も乗りませんので、空港事業の利益は完全に失われていました。その後だいぶ回復していますが（二〇二〇年末現在）、全体状況としては決して芳しくありません。

もともと白浜は「関西《かんさい》の奥座敷」と呼ばれていて、関西近郊からの社員旅行や、夏場の家族連れなどで賑《にぎ》わっていました。全国の温泉地と同様にバブルがはじけてからは社員旅行が減り、需要が落ち込んでしまった歴史があります。

ただ白浜には温泉だけではなくパンダで知られるアドベンチャーワールドもありますし、様々な努力をして古来の美しさを維持している白い砂浜があります。そのような努力もあって二〇一〇年代でも年に三〇〇万人を越える観光客がいて、白浜は自治体もＩＣＴ（情報通信技術）関連の企業を積極的に誘致し、テレワークや話題のワーケーションを全国でも先駆けて行ってきました。他の昭和の代表的な温泉地と比べると時代の変化にうまく対応できてきた場所だと思います。

私は日本航空再建のタスクフォースにいましたし、和歌山出身者ということもあって地元への思いもあります。ＩＧＰＩグループで南紀白浜空港の運営を引き受けて、自治体や地域企業の皆さんと力を合わせて東京からの空港利用客を増やすための手を打ってきました。たとえば二〇一九年にはワーケーションオフィスの開設にかかわり、東京からのビジネス利用を増やすことにも成功しています。無論コロナ禍では東京からの人が来なくなっているので、当初目論《もくろ》んでいた展開にはなっていません。

ピンチですが、私たちの狙いが間違っていたとは思っていません。というのは、そもそも最初から大量安売り型のインバウンド需要はあまりあてにしていなかったからです。もう少し詳しくいうと、短期滞在型、かつての社員旅行の代替のような外国人ツアー客を狙っていなかったということです。だからポストコロナの時期での回復に自信を持っています。

田原　僕がコロナ前に北海道のホテル旅館の講演に頼まれて行ったときに、北海道へお客が来るのは、だいたい一泊が多いという話を聞かされた。そういう人たちにはカニを出しただけで終わってしまう。それを「なんとか四泊、五泊にできないか。どうすればいいか」と北海道の事業者は悩んでいると。つまり、滞在してもらって、楽しめることを探さないといけない。

冨山　その視点は非常に大切です。私たちが和歌山でやりたかったことの一つは、一人一万円のお客さんが一〇人くるインバウンドではなく、一〇万円のお客さんが一人来るというモデルの観光事業でした。

和歌山には熊野《くまの》古道という世界屈指の観光地があります。あそこを歩いて、少し観光客と会話をすればわかりますが、ヨーロッパで有名なサンティアゴ・デ・コンポステーラ（スペインの巡礼地）と並ぶスポットとして認識されていて、ヨーロッパからも相当なインテリ層がやってくるスポットになっています。アニメの文脈ではない本来の意味での「聖地巡礼」です。日本からもサンティアゴに観光に行くのと同じような感覚でヨーロッパからやってきているし、特にハイクラス（富裕層）に人気が高いんです。国内の富裕層にも隠れたファンがいて、今や「違いが分かる東京人」の長期滞在型の奥座敷みたいな部分もあるんですよ。

ヨーロッパの富裕層とインテリ層と、それから東京からも人を呼んでくるというモデルで地域の活性化を進めること。これが私たちの狙いでした。

観光業は量から質への転換が不可欠

田原　菅さんのブレーンの一人で、『新・観光立国論』（東洋経済新報社）などの著作もあるデービッド・アトキンソンも「良いものを安く」というモデルではうまくいかないという話をしている。冨山さんの観光全体に関する意見を聞きたい。

冨山　まず、長期的なビジョンを持つことが大事です。新型コロナウイルスはパンデミックですから、いつかは終わるわけです。過去のパンデミックを見ても、近代医療が確立した後では数年単位で収まっています。そうなると、十年単位でみれば当然、正常化していくわけですね。

大事なのは、過去に戻るか戻らないかという話ではなく、数年後に回復したときにどのような姿にしていきたいかというビジョンを描くことです。

私は二〇一〇年代に入ってインバウンドが大きく伸びたこと自体はとても良いことだったと思っています。二〇一〇年代の日本の経済政策の軸は、多くの人が認めている通り、雇用の質よりも量をまずもって重視することにありました。それはリーマンショックと東日本大震災後の不況にあって、求人倍率が大きく下がり、失業率も戦後日本では高い水準の時代が続くなかで、とにかく何でもいいから雇用の数を増やそうというのが優先的な政策に掲げられたんです。

そして、アベノミクスの中でも金融政策とともに、外国人観光客の受け入れを積極的に進める政策が効いたことは事実です。その結果、観光事業を中心に求人数が増えました。これ自体は私も良かったと思っています。ただし問題はその後です。

量は増えたけど、では質はどうかと言えば、結局はかつての社員旅行の代替のような形でパックツアーが増えて免税店で爆買いを行って帰国するものが多数を占めていました。これで潤うのは東京の一部や京都・大阪・北海道のような超有名な観光地、あるいはアニメやインターネットの影響で外国人に認知された局地的な場所に限られています。

こうした場所はリーマンショックによる消費の減退を取り戻しました。ですが、地方全体を俯瞰《ふかん》してみれば、その恩恵を受けたところばかりではありません。だから、この層を増やしましょう、来てもらえるようにしましょうと狙うのは、あまり良い狙いとは思えません。それならば、地方は地方で狙いを変えるべきです。

田原　先ほど冨山さんが言った「ワーケーション」という言葉を菅さんも言っている。僕もそれまで聞いたことがなかったけど、ワーク（仕事）とバケーション（休暇）を掛け合わせた言葉で、観光地に滞在しリモートワークで働きながら、仕事を終えたらそのまま休暇も取れるということで注目されている。冨山さんも手応《てごた》えは感じていたんだろうか。

冨山　もちろんです。そもそもワーケーションオフィス開設の動機の一つは南紀白浜空港の運営にあります。コロナ以前、東京から和歌山までの飛行機は、朝昼夕の三便飛んでいましたが、金土日は予約が取りにくく、ほぼ満席状態で動いていました。ところが金曜日以外の平日はぽっかり空いてしまい、空席が目立っていた。そうすると、全体の稼働率が下がるから収支の成立が難しくなり、運航する側からすると「和歌山に飛行機を飛ばすメリットはなんですか」という話になってしまう。ここで乗ってもらおうと思うなら、ビジネス顧客を乗せないといけません。私たちから見れば、ワーケーションオフィスはその問題を解決するアイデアの一つだったんです。

　ワーケーションオフィスは三菱地所と一緒に始めたものですが、空港から車で数分、砂浜にも繁華街にも車で五分程度という最高の立地に開設することができました。加えてテレワークを通じたＩＴ企業の誘致も以前からあり、街全体が非常に通信環境がよい。そのような施設だったので、人気も出ていました。ビジネスパーソンは平日に移動してくれますから、たとえば木曜に和歌山に入って、そのまま金曜まで仕事をして、土日は観光にあてて、そのまま帰ればいい。あるいは月曜に帰って、火曜から東京で仕事を始めるというやり方も選べます。これは誰にとってもメリットがあります。

長期滞在をしてもらう、あるいは定期的に来てもらうお客さんを増やすことができれば、一見《いちげん》さんを相手にするより、きめ細やかな対応も可能となります。いま、観光をめぐる問題で議論しなければならないのは、観光業がどうやったらもっと生産性を上げられるかということです。ポストコロナを考えて動いていかないと、いつまでもいかにして一見の大量のお客さんにやってきてもらうか、質より量だというモデルにしがみついてしまう。

田原　なるほど。菅さんはその辺りがよくわかっているから、あれだけＩＲ（カジノなどを含む統合型リゾート）にこだわるわけだ。

冨山　もちろんＩＲだけが答えというわけではないんですが、地方の観光地はやっぱり単価の高いお客さんを引っ張ってくる形に変えないと早晩行き詰まります。

外国人観光客をターゲットにするなら、滞在型もしくはアクティビティ型の観光地に変えていく必要性があります。外国の経営者と話していたときに、よく話題に上るのが日本の海です。とても綺麗《きれい》で、釣り客もいる。それと同時に「なんであそこに海外からフィッシング客を呼んでこないんだ」と驚かれます。それはゴルフ場も同じです。日本のゴルフ場はすごく質が高く外国人のＶＩＰでも喜ぶような施設になっているのに、プレーしているのは日本人ばかりで、しかも平日はほとんど人が入っていません。

こうした施設に、高級ホテルとハイクラス向けの飲食店ができればまだまだ可能性がありますが、経営者側がなかなか単価を上げようという発想になっていかない。私たちが熊野古道に感じている可能性も同じです。古道を歩くこと自体が、アクティビティ型観光の典型なんです。こんなに綺麗な緑の森林がある国はないからこそ、ここで大事なのは、入り口と出口でハイクラス層向けの施設が整っていることです。

田原　ＩＲでカジノをやりましょう、という話だけではなくて、ハイクラスの人が滞在して満足する高級旅館を作る。日本は安い宿で、でもそのなかで十分なおもてなしをするというものが多い。

冨山　すべてにこだわりぬいた圧倒的な高品質な旅館で、一週間滞在することで心からリフレッシュできる施設、逆におもてなしはなくその分料金は安いけれども、清潔感と雰囲気のある長期滞在型レジデンス施設（貸別荘）というものが需要として求められています。欧米やオーストラリアには、このどちらかがはっきりしている施設が増えています。

コロナ禍で観光客が大幅に減った状況は、観光業をトランスフォーメーション（変革）する大きなチャンスです。単価の安い客を大量に取るというモデルで生まれた利潤はなくなってしまうわけですから、ここでモデルチェンジを図ってしまったほうが先行投資になります。変革に失敗すれば、かつての繰り返しです。たとえば日光鬼怒川《にっこうきぬがわ》や熱海《あたみ》という観光地は、社員旅行需要で単価の安い大量消費型の観光客を呼び込んで大きくなっていきました。ところが、このモデルがバブルでこけて一気に地域全体が落ち込み、旅館の淘汰《とうた》が進んでしまっている。

こうした観光地では今は続けられている旅館であっても、やはり現状に対応できないいまのものも少なくありません。大量消費型のインバウンドに希望を託したものの、見込んでいるほどは訪れなくて、そのわずかな上澄みもコロナ禍で終わってしまう。こうなると次はないんです。そもそも規模に頼る経済自体が地方には向いていないんです。都市部との競争を迫られ、対応できないところは淘汰されてしまいますから。

「経済」か「人命」か、という愚問

田原　僕は当時安倍首相に直接聞いた。緊急事態宣言の時に「他の国は全部違反したら罰則規定がある、罰金、あるいは逮捕だと。日本は罰則規定がない。これをどうするんだ」とね。安倍が逆に「田原さんはどう思う？」と聞いてくるから、僕は「ないほうがいいと思う」と答えた。安倍も頷《うなず》いていた。彼は日本では罰則を作らなくても、緊急事態になれば国民が自分で守ってくれると思っていた。

冨山　日本らしい空気頼みでもありますね。二〇二〇年の三月や四月頃は「これは本当にまずい」「みんなで助け合わないといけない」という空気が日本を覆っていました。私は東北地方でのバス事業にもかかわっていますから、最初の緊急事態宣言では震災の後の東北を思い出しました。日本人は、危機時に極めて従順に周囲のために頑張ります。それはいいのですが、行き過ぎた同調圧力も生まれますし、個々の自発性や努力に頼り切っていいかというと、それは別問題です。

田原　空気に頼るのは、はじめのうちはいい。だが、日本では、みんなが空気を読まないといけないとなってくると、なんとなく決まったことに対して何もいうことができなくなるという新しい問題が起きてくる。一時は空気頼みでよかったかもしれない。緊急事態解除宣言をした時に、安倍は日本モデルが成功していると語り、WHO（世界保健機関）も日本は成功していると賞賛していた。

ところが、最初の危機を乗り切ると、空気だけでは解決できない問題も出てきた。一つは経済の問題。安倍も西村も、人命と経済のバランスを取ると言い続けていたが、バランスを取るなんてどうやってやるんだと僕は思った。

冨山　バランスなんて、取りようがありません。科学的に政策を議論するのであれば、困窮で失われる命がこれだけ予想されるのだから、経済に対してこういう対策を打ちます、感染症で失われる命がこれだけある以上、感染症にこういう対策を打ちますという方針を打ち出すべきです。

「経済か人命か」というのは、問いの立て方から間違っています。

それだと「金儲《かねもう》け」か「人命」か、という話に収斂《しゅうれん》してしまい、大切なところがまったく議論できなくなってしまうからです。忘れてはいけないのは、経済問題で一番打撃を受けているのは「弱い働き手」だということ。大打撃を受けている観光業や飲食業というのは、日本の社会の中でいえば、賃金も安く、雇用も不安定な業種です。

さらに言えば、景気の落ち込みで打撃を受けるのは、非正規労働者であり、バイトの働き口すら失ってしまう人たちです。社会的弱者が今回大打撃を受けていることを忘れてはいけません。

これは人命と人命の問題なんです。

みちのりグループは会社としての体力があるので同業の中では最後まで生き残る自信がありますが、業界全体でみればリーマンショックは比にならないショックが直撃しています。こうした人たちにとってみれば、不況も失業も即命の問題、今後の人生の問題に関わってきます。都市部と比べると地方ではコロナウイルスの感染者数は少ない。ですので、地方の人たちにとっては感染症よりリアルな問題として、経済停滞の問題が重くのしかかっています。

私の立場は感染も経済もどちらも人命の問題であり、人命を何より大切にするという姿勢を打ち出すことが大事だったというものです。その問いからなら、ではどうすれば少しでも多くの命と人生を救えるかという議論ができます。

田原　あれは、安倍や西村が言っていただけで、菅や二階の本心は違っていたんじゃないかと僕は感じた。

冨山　二階さんも菅さんもいわゆる叩《たた》き上げの方ですし、地方のこともよく知っているでしょうから、命の問題だという感覚を持っているんだと思います。だから、菅さんは感染症のリスクをゼロにするとは言いません。そもそも不可能ですし、そこでゼロを目指す方向性に舵を切ると経済は持たないからです。何とかＧｏＴｏキャンペーンを継続できないか模索しているのも同じ文脈だと思います。

西村さんも本当の構図は人命と人命の問題だと理解していると思います。ただ、メディアの側が「経済か人命か」ってキャッチーで分かりやすいのでその構図で煽《あお》っていた印象もある。二〇二〇年の下半期に入って雇用弱者の苦境が顕著となり、特に女性の失職と困窮、自殺者増加をメディアも真剣に取り上げ始めたので、問いの立て方が変わることを期待しています。

日本経済を支えるのは七割を占めるＬ型企業

田原　僕は四月のときは、二〇二〇年いっぱいで収まるが、経済はダメな状況が続くという見方をしていた。けれどもそんな甘いものじゃなかった。二〇二一年もそうだし、下手すれば数年はダメな状況が続くと思う。問題は冨山さんがいうところの人命にある。生き抜くための経済復活をどうするか。復活のカギはどこにあるのか。このままいったら大変なことになる。中途半端に経済も感染症対策もどちらもやっているという状況では、感染者も減らない、経済もダメージが続く。そのダメージも数も、どちらもどんどん大きくなるんじゃないか。

冨山　私がいつも言っていることですが、多くの先進国もそして日本も、GDPのうちグローバル企業（G）が稼いでいるのは三割程度で、残りの七割を占める諸々《もろもろ》の産業群こそが現代の基幹産業群であり、その多くは地域密着型（L）の中堅、中小企業、ローカルサービス業が生み出しているものです。さらに簡単な見取り図ですが、日本の労働人口の八割は中小企業の従業員、もしくは非正規であり、グローバルに名を轟《とどろ》かせる大企業の正社員は二割程度しかいません。

コロナ禍でIT系を除けばグローバル産業も軒並み大打撃を受けています。ほとんどのグローバル企業は会社としての体力があり、大手製造業は中国経済の回復と巣ごもり需要に助けられているからまだなんとかなるとは思いますが、エアライン各社の収入は激減し、海外では経営破綻《はたん》や経営再建も現実となっています。住宅も電化製品も先行きが見えない中で、あえて買おうという人は少なくなります。ネットショッピングが増えていくから大丈夫、飲食店もウーバーイーツがあるから大丈夫だというのは、まったくお気楽な話で、強烈な買い控えが起きた先に待っているのは恐慌です。

一方、私たちが調べている範囲では、ローカルサービス業を中心に人手不足が慢性的に続いており、その傾向自体はコロナ禍でも変わりませんでした。理由は明確で、現時点ではそうした仕事の多くがリモートで代替できないからです。

たとえば介護や保育をリモートにすることはできません。お年寄りを病院まで運んでいくバスやタクシーもリモートワークはできません。地域の足になっているバス事業もリモートは不可能です。確かに観光業などは落ち込んでいる。でも、地方全体でみれば人手不足は続いています。医療・介護は特に人手が足りない状態です。

都市部で非正規を中心に解雇が進むなか、地方で人手不足が続いている。それならば、経済のダメージが直撃してしまった人を、人手が足りない地域と産業に斡旋《あっせん》すれば、少なくとも不況のダメージを軽減させることはできます。

加えてローカル中小企業の多くは、都市部の同業種に比べて生産性が低いところも少なくありません。ＩＧＰＩグループは地域産業の事業再生を数多く手掛けていますが、現場ではＩＴ活用が著しく遅れていたり、どんぶり勘定経営で収益を生み出す構造になっていなかったり、そもそも経営陣に優秀な人材が不足していたりと多くの課題を抱えています。これは逆にいえば、多くの可能性を秘めているといえます。

グローバルで商売をしている大企業の収益を現在の状況から大きく積み上げていくのはそう簡単ではありませんが、ローカル経済を担う中小企業の経済力を高めることは決して難しいことではなく、かつ大きな伸び代が見込めます。そこに東京一極集中という問題を解決するカギもあります。

田原　コロナという大問題が現に起こってしまった以上、社会の変化をチャンスと思うしかない。

冨山　コロナ後の未来像を先取りして考えるのであれば、まずもって日本の産業社会構造をどう描くかということです。他の先進国、あるいは台湾《たいわん》と比べても、日本社会のＩＴ化はかなり後れをとっていたことが明らかになりました。その改革はまったなしで、確かに進めないといけないのは間違いありません。けれども、仮に追いついたとしても、今の日本国のＧＤＰには直接寄与しません。日本の大企業の競争力強化には多少恩恵があるかもしれませんが、日本全体の経済成長にはあまりつながらないでしょう。

問題はデジタル化の良い部分をどう中小企業や中堅企業に還元して、産業構造を組み替え、生産性を上げていくかにあって、単にＩＴシステムを組み上げればいいという問題ではないということです。

復興を妨げる補助金漬け、過剰債務

田原　その意味では政治の問題は大きい。日本の問題は明らかで、アメリカでもイギリスでも保守とリベラルがある。共和党が保守だと民主党はリベラル。イギリスで言えば保守党が文字通りの保守で、労働党がリベラル。保守主義の政党というのは、早い話が競争の自由が大事で、競争を目一杯できるようにする政策を立てる。自由に競争をやれば、当然ながら格差が出て、成功は少なく、失敗がいっぱいある。でも成功すれば莫大《ばくだい》な利益を得ることができる。
でも、格差が大きすぎると健全な競争が働かなくなるから、政権が変われば今度は民主党や労働党といったリベラル政権で自由競争に一定の規制を設ける政策が通る。競争に規制を設けて、格差を是正するために社会保障を手厚くして格差の下に押しやられた人たちを救う。そうなると、社会保障費は増えていき、今度はお金持ちや企業は税負担が重くなると言い始める。そして、また保守政党に支持が集まりはじめ、新しい環境でまた競争をやろうとなる。競争からはイノベーションが生まれ、経済のダイナミズムが高まる側面もあります。先進国は保守とリベラルが交互に政権を担当しながら競争と再分配のバランスを取ってきた。

ところが日本では実は自民党が経済政策はリベラルで、アメリカで言えば民主党の経済政策をやっている。中曽根《なかそね》や小泉以降は新自由主義を掲げながらも、アメリカの共和党並みの競争政策を国として徹底して行おうとはしてこなかった。競争を掲げる野党もそこまでではない。経済的な面では日本には実質的には大きな政府としての施策を行っている自民党と、もっと大きな政府を要求する野党という構造しかない。

冨山　経済政策的にはアメリカからみると日本はずっとリベラルなんですね。ダイナミズムが必要ということは私も同感です。ただ一つ付け加えると、アメリカもイギリスも政権交代で保っていたバランスが、今は崩れている気がします。政治が産業構造の変化に追いついていけてないからです。日本では、さらにコロナ禍で経済が悪循環に入っています。

田原　悪循環の中身を詳しく聞きたい。

冨山　四月の緊急事態宣言下で日本政府が打ち出した経済政策というのは当面のキャッシュを確保させるために中小企業向けに緊急融資枠の拡大、それに雇用調整助成金の補助率の変更、補助要件の緩和、一〇八兆円規模の緊急経済対策の策定と矢継ぎ早に対策を打ちました。これは非常に良かったと思います。中小企業向けの緊急対策としては、リーマンショック、東日本大震災の経験に学んでいます。

緊急避難として大事なのは、お金がショートしてしまい、連鎖的に企業倒産が続き、次の仕事がないという人たちが大量発生しないように支えることにありました。まさに人の人生を壊さない政策が必要で、そのためには助成金でも、ＧｏＴｏキャンペーンでも、融資でも、あらゆる形でお金を出していかないといけない。変に中途半端にやらずに、やる時は思い切ってやることが求められていて、その点において日本政府の対応は、大筋で間違ってはいないと思います。

ある程度の結果も出て、当初想定されていた最悪のシナリオ、すなわち四月から五月にかけて緊急事態宣言下で連鎖的に倒産が続くというケースはなんとか避けることができました。大事なのは、ここからです。緊急避難的な政策は緊急時にしか効果はなく、次のポイントは本格復興のスキームをどう描くかにあります。繰り返しになりますが、どこかで必ずパンデミックは収まります。収まった後に、今度は復興モードにスイッチを切り替えないといけないのですが、いま出している融資や補助金の副作用で、復興を妨げてしまう危険性があるんです。

田原　そうか。当面の対策として出した融資が長期的には、企業の体力を奪ってしまうことになりかねないんだ。

冨山　そうです。これは二つの妨げ方があって、一つは補助金頼みで延命した企業は、常に補助金がないと食えないビジネスモデルを作ってしまいがちになることです。これは私たちが事業再生を過去に手がけてきた中で、最も多かったパターンです。要は、危機の時に緊急避難的な補助金をもらってしまったがために、補助金が経営の前提になってしまい、補助金がないと続けられない状態になってしまう。

事業にかなりの公共性があるというならまだわかるのですが、一般的なビジネスの世界で、最初に補助金が出るのは当座の運転資金の確保、緊急避難的な意味合いが強いので、危機が終われば補助金を切らないといけなくなります。ですが、切るタイミングでも補助金前提の企業体質になってしまっている。これではいくらお金があっても足りません。

それからもう一つ、もっと深刻なのは、現在はコロナ禍で多くの企業がお金を借り増ししていることです。国も緊急事態だから審査に時間をかけずにとにかくお金を貸し付けるということをしています。そうすると、中には過剰債務になる企業も出てきます。わかりやすくいうと、借りたお金が返せなくなる企業が日本中に何万社と大量発生する可能性があるということです。これは昔の不良債権問題に近い構図が生まれることを意味しています。

借り手は過剰債務、貸している側からすれば不良債権が出てきてしまう可能性が高まっています。大きな借金を抱えてしまった会社の何が問題かといえば、融資が赤字補塡《ほてん》に使われ、売り上げが戻らない間に融資で赤字を埋め合わせるという状態になることです。借金が増えれば増えるほど、企業の首は回らなくなり、返済能力はむしろ弱まっていきます。

これを打開するためには、新しい投資をして事業を再編するなり、新規開拓が必要になるのですが、借金が多い企業に対し銀行側に新しい融資をするメリットはありません。

新しい融資がなければ、ビジネスチャンスを拡大する投資もできず、イノベーションも起きない。結果的に経済は停滞し、バブル崩壊後に起きた問題が新しい形で再生産されることになります。だからこそ、今の融資をどう活かしていくかを各企業が考えないといけないし、銀行側もアドバイスをする必要があるのですが、ほとんどの赤字企業がそこにたどり着くまで至っていません。

当面しのげて良かった、と考えているうちに融資は重くのしかかる債務に変わり、過剰な債務は会社の変革や成長の機会を奪うものに変化していきます。かつてのバブル崩壊後の失われた十年、二十年を繰り返さないために、今から打てる手を打つ必要があるんです。

経済危機は政治的な危機につながりかねない

田原　第一次世界大戦の最中だった一九一八年からスペイン風邪の大流行が始まったあと、世界恐慌がやってきて、世界情勢は不安定になった。過去の歴史の教訓に学べば、新型コロナパンデミックの影響を受けて、この先にかなり大きな景気後退もありうる。世界が不安定になる要素はある。

不安定になった過去に何が起きたかと言えば、戦前のヨーロッパもアメリカも、そして日本も国家の力がより強大になったといえる。アメリカが世界恐慌対策として採用したニューディール政策は、いわば国家主導の公共事業だ。それからドイツではナチス、ヒトラーの台頭、日本も安倍さんの祖父である岸信介《きしのぶすけ》が国家社会主義を進めようと画策し、軍部が政権を握った。戦争、パンデミック、恐慌と立て続けに起きれば、下手をすると、コロナの後、やっぱり「国がなんとかしてください」という要望が高まって、新しい国家社会主義が台頭する可能性もある。

冨山　当然、危機の時代にはみんなが大きな政府を望みます。経済以外も強権的で権威的な体制がいいとみんなが望めば、民主的手続きの上で新しい国家社会主義的な国が出てくるかもしれません。

加えてこれはコロナ以前からですが、今の時代は百年前によく似ていると考えています。産業革命の後はどこの国でも必ず格差社会になります。百年前というのは第二次産業革命、工業化革命が起きて少したった頃です。当時の最先端は、巨大な設備型産業で、鉄鋼や新興の自動車産業において、巨大な設備、資本を持つ人とそこで働く労働者が増えて、そこで資本家と労働者の格差が広がっていたんです。

現代は情報革命による格差が進行している最中でした。パソコンやスマホを持っているのは最低条件で、それを使って有用な情報にアクセスできる人は利益を得て、アクセスできない人との差が生まれていた。コロナでより格差が進行する可能性がありますが、そういう時代は必ず政治的にはものすごく不安定になって、むしろ民主主義の国ほど危機に直面するというのが歴史の教訓です。

第二章　グローバルＩＴ企業は雇用を生まない

——日本経済はなぜ行き詰まったのか

日本企業の世界的地位を後退させた二つの革命

田原　今から約三十年前、平成元年には時価総額で世界のトップ一〇のなかに七社入っていた。一位がＮＴＴで、東京電力も九位で都市銀行も軒並み上位に名を連ねている。僕は当時をよく覚えている。経済は一流、政治は三流がこの時代によく言われていた。製造業も絶好調で、ものづくりは圧倒的に日本製で、パナソニック（松下電器）、東芝、日立、ソニーがつくるものが世界の最先端だった。

ところが二〇一九年にはトップ一〇は全部アメリカ企業。トップ一〇に入れないまでも、世界のトップクラスと呼べるのはトヨタだけで、スマートフォンはアップルやグーグルが圧倒的に強い。つまり、最先端のものづくりで日本企業は全部負けている。経済はもう三流かもしれない。

僕は四十年くらい前に松下幸之助に会った。当時、松下は八〇歳を過ぎていたけど、かくしゃくとしていて、発言には非常に説得力があった。松下にまず聞いたのは、日本型経営について。そして経営者というのは何を考え、経営者にとって一番大事なのは何か。

松下幸之助が言うには、経営者がすべき最も大事なことは全社員がどうすればモチベーションを持てるかだと。全社員がどうすれば働きがい、やる気を出せるか。モチベーションを高めるのが経営者で、そのために何をしたかと聞いたら、頑張りたくなる仕組みを作ったと言った。要するに横一線で入社した社員が、頑張れば課長になり、部長になり、役員になり最後は社長になれるという仕組みだと。つまり、役員も社長も全部社員から出す。他から連れてくるという発想はなかった。

年功序列、終身雇用のなかで競争し、景気が悪くなっても、社員を絶対クビにしない。それから、「社宅もどんどん提供していく。家族主義的経営で日本は高度成長を見事に成し遂げた。でも、令和の現在では、日本型経営は著しく評判が悪い。

冨山　日本型経営には様々な面がありますが、いまおっしゃったのは、日本の大企業を中心に行われている大学の新卒を四月に一括で採用し、その人たちが四十年間ずっと同じ釜《かま》の飯を食いながらだんだん偉くなっていくというモデルのことですね。集団は常に同質的で連続的、メンバーはほぼ固定されており、社員の大幅な入れ替えは起こらず、成果を出せないトップが急にクビになるということもないし、新しいトップが人材ごと連れてくるということもない。社員がいきなり出世することも、よっぽどのことがなければクビになることもなく、いる限りは必ず人生を保障しますというモデルです。

私は改良型イノベーションと呼んでいますが、かつての日本モデルのイノベーションというのは、ゼロからイチを作るのではなく、今、目の前にある製品をどうよりいいものにするのかを追求していました。要するに改良、改善をコツコツやり、技術水準を上げていくことで生産性を高めていく。このモデルは、日本が世界の工場で、ビジネスの中身が基本的に変わらず、改善をコツコツ積み上げていくことが求められている状況ならば有効で、同質的な集団は非常に強い力を発揮します。

パナソニックはまさに家電製品で始まって、大量生産、大量消費というアメリカが作った工業化モデルを日本に合うように改良して追いかけていった会社ですから、実にそのモデルがうまく機能していました。

問題はちょうどバブル経済が頂点を迎える一九九〇年頃を境に、グローバル革命、デジタル革命の二つが起こったことです。冷戦終結によるグローバル革命は東西に分かれていた市場をつなぎ、そしてアメリカ発のデジタル革命、最近の流行言葉で言えば、デジタルトランスフォーメーション（DX）が産業構造を決定的に変えました。

消費者が求めているのは超高画質テレビではない

田原　高度成長までの日本の製品は安かろう、悪かろうと言われていた。しかし、そうじゃない、日本製は安くて、良いものなんだと世界に売っていたのが松下幸之助だった。

冨山　そうです。日本は安くていいものをとにかく大量に作って、世界中に輸出していくというモデルでのし上がったんですね。でも、いくら日本製が良いものだと言っても、世界も技術革新が進みますから、日本製よりは質がいくぶんかは落ちるかもしれないけど、日常的に使う分にはまったく困らない工業製品を、はるかに安く生産できるという国が台頭してきたわけです。

これでは皆でいくらモチベーションを上げてもかないません。かつての日本と同じように、最初は安かろう、悪かろうだったかもしれないけど、作り続けることで安くて、いいものを作れるようになる。それも日本とは比にならない安い賃金で作られると、勝てなくなってきます。これは特に電機の方から先に揺らいでしまいました。冷蔵庫、洗濯機といった製品をみれば一目瞭然《りょうぜん》ですが、完全にレッドオーシャン、競争が激しい分野で差異を競い合っても消費者には届かない。基本性能が一緒なら、世界中の消費者は安いものを求めていきますから。

かつてはアメリカが「世界の工場」で、一九七〇年代は日本、九〇年代以降は中国がその役割を担ってきました。ポスト中国の「世界の工場」候補はベトナム、インドネシア、それからインドも台頭しています。日本はもうこの領域の量とコスト勝負のゲームでは戦えません。

それからもう一つが、デジタル革命です。わかりやすい事例はテレビです。以前は、ブラウン管のテレビで新しいモデルがでれば、多少高くても消費者は買ってくれました。ところが、今はどうでしょうか。

田原　画質がいいテレビだからといって欲しいわけではない。

冨山　その通りで、テレビそのものの技術改善が行われても、消費者の需要はさほど高くない。「50型4Kテレビ」に高いお金を払いたいという消費者は確実に減っています。

かつての日本モデルなら、「そうかテレビを改善しよう」ということで、より綺麗《きれい》な画面、技術革新を一生懸命考えていればよかったんです。テレビを買うことが、地上波しかなかった映像コンテンツを観る決定的な手段だったからです。でも、今の時代にテレビを買おうというお客さんがどこにお金を払うかといったら、ネットフリックスやアマゾンプライムビデオです。それらのサービスにあるコンテンツを大画面で観たいからテレビを買うわけです。

要するに、今の消費者にとってはインターネットにつながった映像コンテンツこそがお金を払うに値するものであり、テレビはそれを観るための道具に過ぎないんです。とてつもなく綺麗な画面をもはや求めておらず、ほどほどに綺麗で、かつ安いものが求められている。お客さんが本当にお金を払いたい相手というのは、いまやインターネットで台頭してきたコンテンツメーカーであり、コンテンツのプラットフォーマーです。彼らこそが観たいときに観たいコンテンツを選んで観たいという、真の顧客ニーズを満たしてくれるのですから。

そうした人たちにとって液晶は単なる受像機という感覚でしかなく、「なんで解像度が上がるだけでここまで高い金を払わなくちゃいけないの」という感覚になります。そうした消費者はもはや技術自体には付加価値を見出《みいだ》しません。これがデジタル革命の成果で、これまでの日本型経営ならテレビそのものを改善、改良すれば消費者ニーズを満たしていたんですが、消費者はコンテンツを求めているとなったときに対応できる術《すべ》を失います。

スポーツにたとえるならば、野球を五十年、六十年やってきたんだけど、突然野球をやっていても誰も観客が入らなくなってしまい、今度はサッカーしかお客さんが入らないとか、テニスをやらないとお客さんが入らないということが起きてしまったということです。

松下幸之助が作ったモデルというのは長年コツコツ全員野球をやってきたチームで、彼らにいきなりサッカーをやれということを求めてもそれは難しい。

田原　なんで野球ダメだからサッカーというふうに切り替えられなかったんだろうか。

冨山　今まだ野球をやっている人たちを活かさないといけないということが一番です。先ほどのたとえでいえば、日本でも電機メーカーが一時期eコマース事業やデジタル、IT系の事業をやってみようと取り組んだことがあります。つまり長年、野球をやってきた組織とメンバーで無理にサッカーをやろうとしたんですが、今に残っているものはほとんどありません。ほぼ全部の競技で負けています。

野球をやってきた人の中には、時々、運動選手としてものすごい才能のある選手がいます。メーカーでいえば卓越した技術はこれに当たります。世界の誰もが真似できない身体能力を持っている人（＝世界一の要素技術力を持っている人材）がいるんですが、ことごとく負けてしまった。それはまったく種目が違っていたからです。たとえば、ジャイアンツの坂本勇人は運動神経がいいし、エンゼルスの大谷翔平は体も大きいし、当たりも強そうです。今からでも、サッカーで相当な技術を身に付けることができるかもしれません。けれども世界にはサッカーから始まっている会社があるわけです。最初からサッカーをやるという前提で、メンバーを集め、会社をつくり、組織構造をつくり、のし上がってきたのが今の時価総額ランキングを席巻《せっけん》しているGAFAであり、マイクロソフトであり、インテルなんです。

彼らは世界を見渡してサッカーで一番才能のある人々を若い時から集めてトレーニングをさせているんですよ。実際競争が始まると、坂本や大谷がいかにサッカーがうまくなったとしてもピッチ上にはロナウドとかメッシがいると想像してみてください。それでサッカーをやっても勝てないですよね。ましてや監督は野球しか指揮してこなかったんですから。

田原　松下幸之助がつくってきた日本型経営は変化に対応できなかったんだ。

冨山　松下幸之助はこの二つの革命を見る前に亡くなってしまいました。

もしグローバル化とデジタル革命の時代に松下幸之助が生きていたならば、全く違う経営の体系を作ったのではないかと思います。横一線で入社した社員が、頑張れば社長まで出世できるかもしれないというモデルも作り直していたでしょう。

産業再生機構でカネボウの企業再建を手がけた時に一番困ったことが、まさに新卒一括採用で、終身雇用を前提に、課長、部長とステップアップしていくというモデルでした。

私たちはカネボウという会社と社員をなるべく救うべく、社員の雇用を確保する努力をするわけです。たとえば事業売却で、カネボウのある事業を別の化学会社が買収することで、社員の雇用が守れることは決まったとします。次の課題は、カネボウの社員たちが買収先企業によって待遇を悪くされてしまわないようにすることでした。

雇用があっても収入が大きく落ちてしまってはいけないから、私たちは買収先に「この人はこんな技能があります、過去に手がけてきたプロジェクトではこのような成果が出ており、このような能力は……」といったことを説明しようとします。そこで、カネボウの社員たちにヒヤリングを進めます。こういう時に実は若手は大丈夫なんです。営業なり企画開発なりで現場の作業に携わっていますから。

問題は管理職です。「あなたは何ができますか」と聞いても「私はカネボウで部長ができます、課長ができます」としか言うことがないんです。カネボウで部長ができても、その人が他の企業でマネジメント職が務まるかはまったく別問題だってことに気が付いていない。これは、社内の意思決定をうまく進める方法を知っているとか空気を読むのがうまいとかそんな程度の話でしかないんです。同質性が高い集団で空気を読んで合意を形成し出世する力があります、とアピールしているのに等しく、これでは私たちもどうすることもできません。

今の社会は異質な人々に出会ったときに、どう向き合うか、異質な人々とどのようなチームを作れるかが大事なので、「管理職ができる」というためには、どこにいっても通用する管理職としての能力をアピールしないといけないんです。

ソニーがアップルになれなかった理由

田原　僕はソニーの取材をしていたこともあったけど、ソニーは井深大《いぶかまさる》、盛田《もりた》昭夫《あきお》、それにソニー初の新卒社長になった出井《いでい》伸之《のぶゆき》と名物社長がいた。僕は、出井時代のソニーをおもしろい会社だと思った。彼はインターネットの可能性をよく知っていた。

ウォークマンであれだけ時代をリードしたのに、その後、アップル製品に負けた。ソニーはアップルにはなれなかったのか。ここは日本型経営を考える上で、大きな問題だと思う。デジタル革命だというならスタンフォードを出たシリコンバレーの優秀な人材をもっと呼ぶべきだと思う。

冨山　海外の優秀な人材を採用するには、当然今の日本人社員とは全然違うレベルの待遇をしなければなりません。評価体系、評価基準も大きく変えざるを得ない。ただ、そうすると、現状の日本型の雇用体系では、終身雇用で働いている人の仕事を奪ってしまい、多くの社員のモチベーションを下げてしまうんです。たとえばソニーでは東大、慶應、早稲田といった日本の理工系トップを出たエンジニアはたくさんいます。彼らも優秀であるがゆえ、プライドは高いですから、そこに日本の会社の内部事情をあまり知らない外国の、それもソフトウェア系の若造がやってきても、なかなか受け入れることができない。今でも抵抗があるでしょうし、十年以上前であればなおさらです。

田原　日本は年功序列でこうしたエリート人材が日本にやってきても、せいぜい年収一〇〇〇万から。中国やヨーロッパだったら二〇〇〇万、三〇〇〇万からが普通で、日本で働くメリットはないという。

冨山　そうです。それが普通です。そのため、日本型企業の論理と彼らは合わないんですよ。

田原　いまの世界的企業と日本の大企業の差は人材だけなんだろうか。

冨山　もちろんそれだけが原因ではありません。アップルが復活するのは一九九〇年代に入ってからですが、その時期はちょうど出井体制と重なっています。田原さんの指摘の通り、出井さんはインターネットの可能性は知っていました。しかし、これも日本型経営の特徴ですが、トップの力は弱い。社長やＣＥＯの決断だけではうまくリードできず、やたら人数が多い取締役会の根回しを大事にしないといけない時代が長く続きました。ソニー全体はまだまだ移行期で古くて大きい日本の製造業の構造を引きずったままだったからです。

田原　アップルのスティーブ・ジョブズは、あまりにも経営者としてうまくいかないから一回、アップルをクビになるんだけど、ちょうど復活して、新しいパソコンや音楽プレイヤー（ｉＰｏｄ）をやろうとした。

冨山　ちょうど私がスタンフォードに留学していた一九九〇年初頭、彼は事実上の失業状態だったんです。アップルのあとに作ったピクサーとかも当時はうまくいっていなくて、彼は終わった人だと思われていました。スタンフォードのビジネススクールには、どちらかと言うと「終わった人」という感じでスピーカーとしてやって来て、「こうやるとベンチャー経営者はおかしくなります」というような、やや自虐的な話をしていました。

誰もが、ジョブズの復活もアップルの復活もないと思っていた。ところが、ここでインターネット革命が起きる。インターネット革命が起きたのと同じ頃に、アップルが苦し紛れに打ち出したネクストコンピュータ構想、要するにジョブズが作った高い技術を活かしたコンピュータを作ると決めて、技術目当てでジョブズごと買い戻したんです。

ここからが物語の始まりで、ジョブズの経営者として最も優れていたことは、ネット時代に何をやったらクールで、おしゃれで、誰もが憧《あこが》れるモノやサービスを生み出せるかということにしか関心がなかったことです。

ジョブズはいろんなアイデアを打ち出しますが、すべて当たるわけもなくというか、結果は無残なもので、失敗ばかりの死屍《しし》累々です。iMacこそ美しいデザインと、画期的なカラー展開、それから簡単にインターネットにつながるというので大当たりしましたが、そこからはけっこう大変だったんです。

死屍累々の先に、やがて二〇〇一年にiPodの第一世代が出て、のちの大ヒットの下地を作ります。ダウンロード型音楽配信サービスとしてのiTunesもサービスが始まり、さらに二〇〇七年にiPhoneが発売されてスマートフォン時代の幕が上がります。

ジョブズはソニーというか盛田昭夫さんが大好きで、尊敬していたというのは有名な話です。特にiPodは新時代のウォークマンと言っていいし、音楽を外で聴けるようになるというソニーのアイデアを極めて洗練させた形で打ち出しました。彼はいかにしてインターネット時代に適合したものにするかを考えていた。だから、ダウンロードしたデータで持ち歩くという発想になるんですね。

出井さんが考えていたのも基本的には同じで、アップルのようにウォークマンとインターネット、そしてデータを統合するという道は見えていたはずです。だけど、できなかった。

デジタル・ドリーム・キッズに殺されかけたソニー

田原　そこが問題だ。なぜできない。

冨山　当時のソニーも、創業から六十年以上を経過した日本の古くて大きいメーカーの体質を引きずっていたということではないかと思います。日本の古い会社だと、〇〇担当取締役という出世ポストがあり、たくさん取締役がいますよね。たとえばぱっと考えるだけでも、音楽部門からすれば、まだまだ売れていたCDの売り上げを死守したいとか、もっと最高の音質でウォークマンを作りたいとか部門ごとにいろいろな思惑が働きます。各々の思惑があるなかで調整しないといけないという問題がやはり出てきます。

よく言えば、民主的なのかもしれませんが、同質的な集団の中で既存のゲームを全否定するような根こそぎイノベーティブな意思決定ができるかといえば、それはできません。

出井さんが先を予見していたというのは間違いなくて、彼は当時「デジタル・ドリーム・キッズ（Digital Dream Kids）」というコンセプトを打ち出していました。このコンセプトの意味を当時ほとんどの人が理解していなかったように思います。ソニーの内部できちんと理解されていれば、その後の長期低迷はなかったでしょう。

出井さんは、これからデジタル技術で世の中がかなり劇的に変わる、いろんなものが根こそぎ変えられてしまい、野球がサッカーに変わるくらいのゲームチェンジが起きる、と予見していたと思います。そうなった時に、これからの時代を引っ張るのは、野球で育った人たちではなく、デジタル技術に目を輝かせて、それに飛びついていた若者たち。それはユーザーとして飛びつく若者たちもそうですし、ベンチャーを立ち上げるという若者たち、新時代のソニーに飛び込んでくる若者たちも含まれます。こうした新人類が牽引《けんいん》する世界になるんだというのが「デジタル・ドリーム・キッズ」というコンセプトだったんです。

二〇二一年の今、リアルなデジタル・ドリーム・キッズ、あるいはデジタル・ドリーム・キッズのメンタリティを持っている人々が世界中で大活躍していて、その一部がＧＡＦＡを作り、ＧＡＦＡを支えています。日本企業の論理に合わない、ＭＩＴやスタンフォード卒の人材はほとんどが出井さんのいうデジタル・ドリーム・キッズですよ。スタンフォードのＭＢＡにいる人たちは大部分が起業しますし、彼らはむしろ起業しないことのほうが人生にとってリスクだという発想を持っています。

ジョブズも、いわばデジタル・ドリーム・キッズの一人です。世代はもちろんだいぶ上ですが、やっぱり子どもみたいな夢やアイデアを語って、周囲を巻き込んでいた。デジタル・ドリーム・キッズ率いるアップルが、最初にハードとソフトの融合モデルを作ることに成功したことは決して偶然ではないでしょう。結局ｉＰｏｄなりｉＰｈｏｎｅというハードと、ｉＯＳ、ｉＴｕｎｅｓというソフト上のクラウドベースの技術というものを結びつけるということに、彼らが先に成功しちゃった最大の要因は、デジタル化にわくわくしていて、新しいゲームのルールをいち早く理解していたからです。結果として、ウォークマンはiPodに殺されてしまった。

教訓として忘れてはならないのは、アップルが駆使していたそれぞれの技術を単体で見ていくとソニーも持っていたことです。ソフトもハードもアップルが持っているものはすべて持っているのに、それを結びつけて、すべて統合したサービスでユーザーを獲得するという発想だけが欠如していたんです。ソニーはガラケーを作っていましたから、電話もついたウォークマン、そしてダウンロードデータで勝負するという発想があれば、iPhoneより時代に先駆けたサービスを展開できたかもしれません。

しかし、結果としてそんな未来は実現できなかった。iPodが出てきてウォークマンは市場を奪われ、iPhoneが出てきたときに日本のガラケーの市場も奪われ、まさに構造そのものを変えるようなゲームをやられた時に、ソニー、多くの日本企業は対応できなかったんです。本質はパナソニックと同じで、イノベーティブに見えているけれども、やってきたことは、アナログ型のハードウエアの大量生産、大量消費、大量販売がベースにあって、そこを変えるのに苦労したんです。要はアスリートとして運動能力の優れた人はたくさんいたけど、ほぼ全員、野球選手だった。そこに同じ球技だけど全く違うサッカー競技をアップルが持ち込んで、世の中はサッカーのほうに流れてしまったんです。

田原　僕は盛田とは何度も会っているんだけど、盛田は終始僕に「ソニーは世の中にないものを作ろうとする。これがソニーだ」と言っていた。盛田の考えというのは、とにかく技術主義で、ないものを作る。ここにこだわりを持っていた。

冨山　そうなんです。ところがですね、盛田さんもデジタル革命の最初のほうしか見届けることができず、一九九九年に亡くなっています。でも、盛田さんは変化への期待を込めて出井さんを抜擢《ばってき》していたと思います。

盛田さんは時代の変化を先読みしていて、その証拠にコンテンツを作ることができるコロンビア・ピクチャーズ・エンターテインメントを買収しています。ハードからソフトへ、アナログがデジタルにシフトするということは、むしろ盛田さんが先鞭《せんべん》をつけているんですね。いまだにソニーを支えているのは、盛田時代の投資であり、その意味では遺産的な事業で、やっぱり盛田さんというのはすごい人なんです。

けれども、そこは盛田さんが創業経営者だったということも大きい。日本の場合は創業経営者が、右に行けと言えば皆が右に行きますから。

出井さんはサラリーマン経営者、雇われ経営者なのでそうはいかなかった。盛田さんがもうちょっと元気でいてくれて、出井さんのデジタル・ドリーム・キッズというのを現実

ないものになるまで改革をやる、出井を支えると言えば相当厳しい変革になり、恩恵を被らない人も社内に出てくると思いますが、それでも改革は早期に実現したと思います。

アメリカはCEOに絶大な権力が制度的にも集中していて、だからこそ結果が出なければすぐにクビになり、あらゆる責任を負うということになっています。出井さんもCEOを名乗っていたけど、それはあくまで日本的な文脈で、実態としては社長の言い換えでしかありません。

OBを含めたソニーの社内の空気というのは、二〇一〇年代もずっと次のウォークマンを目指そうというものでした。ハードウエアで、世界中でバカ売れする商品が出てこないのは、ソニーらしくないという願望です。ソニー全体が、「幸せの青い鳥」をずっと探していたことで大きく後れをとってしまった。

モデルチェンジに成功したマイクロソフト

田原　どうしようもなくなったのに、なんでソニーは今の経営者のもとで復活できたのか。

冨山　そうした幻想をやめたからです。

いまソニーを牽引しているのは、まさにデジタル革命の恩恵を受けた分野です。例えばゲーム。もちろんプレイステーションは売れていますが、絶対の柱はプレイステーションネットワークというオンラインサービスです。機械を売るだけではなく、ネットワークとサービス、そしてコンテンツを販売するというモデルが強みを発揮しています。

機械というハードだけでなく、サービスとソフトをセットにできる。伝統の電機部門も現在はあくまでも一セクションで、組織全体のワンオブゼムというような見方に変わりました。エレキあってのソニーというのは過去のもので、時間はかかりましたが見事にデジタル革命の流れに乗って、遅れを取り戻したという評価はできると思います。

ソニーで現在収益を上げている事業は主に四つありますが、それが例に挙げたゲーム、それに金融と映画コンテンツとCMOSセンサーです。

「スマイルカーブ現象」という言葉があって、これはデジタル化の波をかぶると、産業構造の変化がおこって、川上と川下を押さえている企業に利益が集中するということを言います。川上というのは一番大事な基幹となる部品や製品を作れているところ、企画・開発部門です。川下というのはアフターサービスや営業・マーケティングなど直接消費者と接点を持っているセクションです。川下というのはサービス部分、プラットフォーマーだと思ってください。デジタル化すると川上と川下は収益が上がるのですが、中間の川中、組み立て産業が組み立てているだけでは収益が上がらなくなってくるんです。理由はグローバル化ともつながるのですが、組み立てるだけなら安いところに仕事を出したほうが合理的になります。その結果、新興国にどんどんその部分が流れていきます。

川上と川下を両方押さえている企業は強くて、ソニーの金融は支店を持たない金融だから、オンライン化に対応できていました。ゲームもいまやオンライン産業であり、アフターサービスが収益を生み出します。川上についていえば、ソニーは技術力で押さえている。そう考えると、今のソニーの経営は、完全にスマイルカーブの両極を押さえる経営にシフトしていることがわかります。私は出井さんが本当にやりたかったことが、やっとできた体制じゃないかという見方をしています。

田原　メーカーのIBMもソフトのインテルに負けたことがあった。ルールが変わるとあっという間に勝者が逆転してしまう。

冨山　IBMという企業は、少し日本的な経営に似ているところがあります。パソコン以前のコンピュータ業界で圧倒的なシェアを誇っていて、全部自前でやっていて、終身雇用、年功序列に近い形の経営スタイルだったんです。これで、絵に描いたような川中を大事に

スマイルカーブ

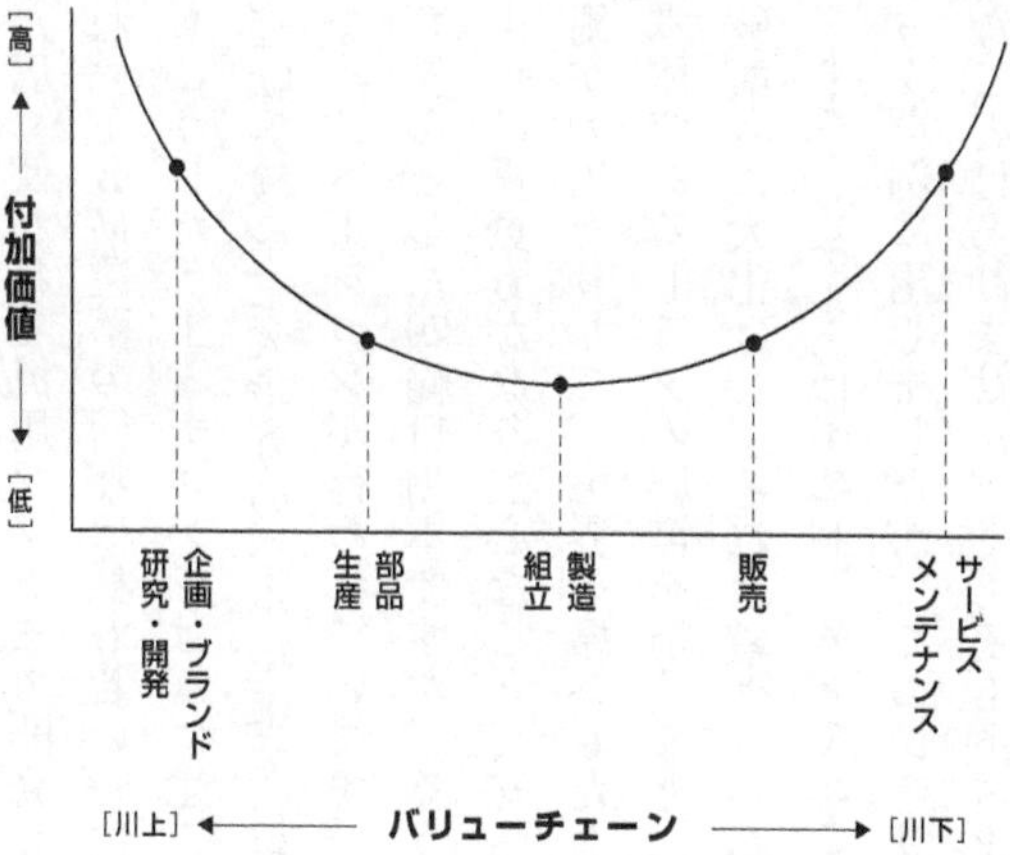

する企業で、ソフトからハードまで部品から全部自分たちで作って、さらに全部基礎研究から自分でやるという、完全自前完結型の会社でした。

簡単に言えば新規事業でちょっと試しにやってみようぜと始めたパソコン事業のOSをまだベンチャーみたいなものだったマイクロソフトに、CPUを中堅半導体メーカーだったインテルに外注したわけです。自分たちはもっと高度で、圧倒的に技術を持っている大型のコンピュータを作っているんだ、と。おもちゃみたいなパソコンはその辺の若者か格下たちにやらせておけばいい、くらいの気持ちでしょう。

IBMは来るべきパソコンの時代を予見

していたにもかかわらず、流れに乗り遅れ、しかもマイクロソフトはワードやエクセルといった広く使われる汎用《はんよう》ソフトまで開発しました。ここに野球とサッカーの違いがありますよね。ＩＢＭ凋落《ちょうらく》の衝撃は私も若い時代の出来事だったので、今でも忘れられません。

でもこうしたゲームチェンジは常に起こりえます。自動車業界であっても、ＡＩによる自動運転実験や二人乗りの超小型電気自動車（ＥＶ）など、デジタル革命の流れの中で様々なイノベーションが行われています。トヨタのメインラインはあくまでも人間が運転するちゃんとした四輪自動車ですが、そうした分野にも積極的に投資を行っていて、ベンチャーへの投資もかなり熱心なことで知られています。いずれ投資先が持っている何らかの技術が大当たりして、世界を席巻したとして、それがトヨタの傘下であれば、その事業体が本体であるトヨタの経営を担うことになるかもしれない。逆に下請けだったベンチャーが破壊者に大化けしてそれに殺されかかった、というのがＩＢＭとウィンテル（マイクロソフトとインテルの協力体制）の間で起こったことです。

トヨタを例に出しましたが、このシナリオがまったく起こりえないシナリオかといえば、そんなことはありません。そもそもトヨタは機織りの会社からスタートしていますし、同じく世界的な企業である任天堂も花札の会社から始まっています。裏返せば当時のＩＢＭ

がここまで凋落するなんて誰も予測していないし、ビル・ゲイツ自身も予測していなかったでしょう。そのくらい産業構造の変化は破壊力がありますし、デジタル革命はまさに革命であったんです。

問題は、そうしてゲームの種目が変わったときに、新しいゲームで戦える人材を採用し、活かせるかどうか。野球のなかでいくらたくさんバットで遠くに飛ばす技術を磨いていたところで、ゲームを変えられてしまった瞬間にそれが活きなくなるんです。

田原　そのマイクロソフトも一時ダメになったけど、また復活した。

冨山　経営者が変わり、事業モデルも一緒にチェンジしたんです。もともと変わるための様々な模索はしていたのですが、経営者が変わったことによって、新しいサッカーに相当する競技領域をはっきりさせ、野球からサッカーができるように一気に変わっていきましょうとなりました。簡単に言えば、彼らはパッケージソフトウェアメーカーからネットベースのITサービス業にモデルチェンジしたんです。

ビル・ゲイツの時代にやっていたことは、基本的にはモノを売る商売です。ソフトウェアのパッケージを箱に詰めて販売する、だから、ソフトなんだけど物としてソフトを売っていたという時代だった。

けれども、現在のマイクロソフトのモデルというのは、全部オンラインでソフトをサービスとして販売し、メンテナンスもオンラインでやるというモデルに切り替わっています。マイクロソフトのサービスはほとんどがクラウド上に存在します。そのため、クラウドベースで企業向けにサービスを売ることを軸にした事業体に変化しているんです。もちろん、昔からのコアのテクノロジーはソフトウェアテクノロジーで、それはまったく変わっていないのですが、ビジネスとして実現しているモデルは全く違います。

マイクロソフトのサービスは、基本的なビジネスツールとして世界中で使われているので、ネットワーク効果が働き、多くの企業で導入することになります。その時に大事なのは、ソフトを使い続けてもらうためのアフターケアです。そのため、今のマイクロソフトは、アメリカも日本も気立てのいい人たちが営業に回っていますね。私は、かつての全盛期のマイクロソフトをアメリカでも日本でも知っているので、「あれ、いつからこんな企業だったかな」とついつい思ってしまいます。昔のマイクロソフトに感じていたある種の気位の高さであり、自分たちが作った素晴らしいソフトを君たちは使うべきだ、というような態度でした。今はそうしたニュアンスをまったく感じません。おそらく人材もかなり入れ替わったのではないでしょうか。古い野球選手系から新しいサッカー選手系に。

サービス部門が強い会社に変わってしまうというのは、そういうところから現れるものだと思いますよ。

トヨタはなぜいまなお第一線にいるのか

田原　今、トヨタの話が出た。僕もトヨタは何度か取材にいったことがあるし、歴代の社長にも会ってきた。三十年前と今で、日本企業の中でずっと世界で通用しているのはトヨタだけだ。どうしてトヨタは生き残れたのか。冨山さんの分析を聞いてみたい。

冨山　まず、自動車産業が今までのところデジタル革命の影響を受けていないことが挙げられます。先ほども例を出したように、ＡＩによる自動運転もあるし、電気自動車も走っています。けれども、インターネットの衝撃をパナソニックやソニーほどは受けていません。工場を各地に作り、世界中に生産拠点があり、現地社員がいる。ＧＡＦＡの中で、トヨタのような自動車メーカーはないですよね。流通もそうです。アマゾンや楽天で買い物をしたりウーバーイーツで出前を取ったりしたことがある人は日本ではもはや多数派だといえるでしょうが、インターネットで車を取り寄せたという人はきわめて珍しい存在にすぎません。

そして自動車そのものが人の生き死にかかわる道具であることも大きな理由です。一トン近い鉄の塊が時速一〇〇キロを超えるスピードで安全に走行する、それも何十万キロも走行できる耐久性を持って。これは尋常なことではありません。機械的に非常に複雑かつ高度で強靭《きょうじん》な工業製品です。こんな人命に関わる危険な道具を作るということが高い参入障壁になっている。スマホが壊れても人命に直結しませんし、サービスが使えないからといって命を落とす人もいませんよね。しかし、自動車は故障や誤作動、使えないときに命に直結するシリアスな道具です。

田原　電機の故障は、基本的にそれで死ぬことはない。

冨山　オーディオ機器の故障で人は死なないですし、洗濯機などの家電はごくまれに火事の原因になりますが、自動車と同じリスクではないですね。自動車は不具合一つで多くの人命が失われる可能性があり、非常に高度な技術が必要となります。フォード以外の二社（GM、クライスラー）は経営破綻《はたん》に見舞われたとはいえ、「ビッグスリー」がいまだに強い存在感を発揮しているのも、技術力ゆえです。

日本が得意としてきた大量生産システムを最も洗練させ、自動車産業として求められる

やるべきことを、一番愚直に徹底的にやり続けているのがトヨタです。その結果、トヨタの仕組みは「トヨタ生産方式」として世界中の製造業で取り入れられていて、「カイゼン」という言葉も世界に広がっています。今のところ現場主導の改良的イノベーションの積み重ね、すり合わせの積み重ねが競争力の源泉となるビジネスモデルを維持できており、トヨタはまさにこのゲームの世界トップを走り続けている。

デジタル企業は大規模な雇用をつくれない

田原　トヨタの源流にはフォードの存在がある。

冨山　まさに二〇世紀にヘンリー・フォードが生んだ自動車の生産システムを、現代的にアップデートしつづけている企業がトヨタです。

田原　そこで、フォードが生んだ経営哲学であるフォーディズムについても話を聞きたい。車はお金持ちが買うものだ、というのが戦前のアメリカだった。しかし、フォードはそれではいけないと考えた。アメリカ人誰もが手に入れるものにならないといけない、と。国民が買えるということは、まずフォードの社員が買えるということが大前提になる。

そこで社員の給料を上げて車を買えるようにした。さらに社員に車に何を求めているかを徹底的に聞いてまわった。社員は使われる側ではなく、消費者であり、大切な顧客でもあった。第二次世界大戦後、アメリカで社会主義が発展しなかったのは、フォーディズムが歯止めになり、機能していたからだと思う。ここで、単なる資本家と労働者という関係のままだったらフォードや他の製造業はうまくいかなくなり、アメリカでもっと社会主義が広がっていたかもしれない。

冨山　それもやはり世界の自動車産業に影響を与えていて、トヨタも生産ラインの人たちが自社の自動車を買えるということを大事にしています。コロナ不況のなかでも豊田《とよだ》章男《あきお》社長が雇用を守る、と宣言していたのも印象的です。こうした発信ができるのも、やはりトヨタがＧＡＦＡ登場以前の大企業だからですよね。

一九七〇年代までのアメリカの大企業はＩＢＭしかり、ＧＥしかり、ＧＭしかり、多数の中産階級雇用をアメリカ国内に生んでいました。そのモデルの原型を作ったのがフォーディズムです。大企業はとにかく多くの社員を抱え、それによって大量生産で富を生み出し、社員を雇用する。安定した雇用は、豊かな中産階級を生み出し、それがアメリカ民主主義の繁栄の中核になる。自動車もコンピュータも製造業も、すべての中心がアメリカにありました。

日本も同じで、かつてのグローバル大企業というのは、直接的であれ間接的であれ多くの雇用を生み出し、社員を養っていたんです。ですがＧＡＦＡをみてください。彼らはどんな人間を雇っていますか。

田原　ＧＡＦＡが雇っているのは、高学歴のエリートたちだ。

冨山　そうです。だからＧＡＦＡはデジタル時代、知識集約産業時代の最も成功した企業群で、もっとも時価総額が高い企業群ではありますが、三十年前に時価総額トップ一〇が生んでいた雇用の数、しかも良質な雇用の数を生み出していません。

一部のトップエリートが富を分け合っていて、それはデジタル革命の必然なんです。

田原　そうか、そこが違う。三十年前のトップ企業は、多くの雇用を生んでいた。

冨山　自社やグループ会社だけではなく、下請けの自動車工場などでも大量の人を雇っていました。アメリカではそうした人々が、いわば穏健な中産階級になっていき、時々共和党に入れて、問題があれば時々民主党に入れるような層となっていったんです。それが今は深刻な格差社会になっています。ＧＡＦＡが日本で言う正社員的に雇っている人たちは、スタンフォード大学やＭＩＴを卒業し、しかも博士号は当たり前というような、超がつくもの凄いインテリが中心です。あれだけの時価総額なのに数万人しか雇用がない。世界で戦っている自動車産業のトヨタが生み出している雇用にはまったく及ばないでしょう。そしてかつて米国の中産階級雇用を生み出した製造業系の現場はグローバル化で新興国に流出してしまった。何せ人件費が何十分の一ですからいかんともしようがない。対抗しようとしたら大幅に賃金を下げるか、猛烈な自動化しかないので、結局、良質な雇用は生まれません。

今のトップにいるグローバルIT企業は製造業に比べて、まったく雇用を生み出しませんし、雇用を必要としないモデルなんです。このことこそ本当に考えるべきことで、日本は遅れている、日本からもＧＡＦＡのような企業を生み出さなくては経済の復活はないと主張する人が時々います。でも今からこの領域に追いつくのはものすごく大変というかほぼ無理で、しかも実現したところで日本社会に大きな雇用は生まれません。グローバルな競争をやりたいという人がいることはもちろん大切なんですが、それで潤うのはトップクラスの人材だけです。

日本においてもマジョリティにとって大事な中産階級の雇用をどこで生むか、そうした産業をどう育てるかを考えないといけないんです。グローバル化とデジタル化が、先進国の中産階級雇用を猛烈な勢いで奪ってきたことはまぎれもない事実です。実際に、ソニーもパナソニックも失われた雇用がある。デジタル化の打撃が比較的少ない自動車産業は、今はまだ特別な領域なんです。

なぜ日本企業は同質的な経営を変えられないのか

冨山　自動車産業でもトヨタは本当に特別な存在です。**トヨタの強みは特定の人に頼った発明や技術というものがほとんどないことにあります。**もちろん有名な経営者やプロジェクトリーダーはいますが、トヨタの一番大切なものは現場から生まれています。現場の働き手たちが集団で努力をして、その結果としてカイゼン、ジャストインタイムという根幹部分が出てきた。

営業セクションも同じで、現場ごとの集団改良というのを大切にしていて、足元からはじめていく。それはすごく日本的な集団主義にマッチしています。「冨山が批判してきた日本企業じゃないか」と思われるかもしれませんが、私は非効率な集団主義は悪いと言っているだけで、何が効率的で、何が非効率かは業種、会社により違っています。

そして、何よりトヨタは海外展開もしている企業なので、取締役に女性もいれば、外国人もいます。同質性の高い経営陣ではありません。そこに日本的に集団で改善改良をやっていくということを徹底してきた現場が結びつく。いずれも私の高校大学の先輩である経営学者の藤本隆宏《ふじもとたかひろ》先生や新宅純二郎《しんたくじゅんじろう》先生の有名な研究がありますが、現場起点、ボトムアップの改善改良が本社レベル、全社レベルの変容まで引き起こす力を持っている、ここもトヨタの強みでしょう。もちろんそれではカバーしきれない百年に一度の大変容が起きる可能性があるので、ＩＢＭや日本のクロモノ家電の二の舞を避けるべく、それに対する模索をトップダウンで始めてもいる。

日本の大企業の多くは、現場の同質性がそのまま経営の同質性に結びついています。そのため大きな変容が起きたときに、必要な判断を行うことができないことが多々あります。

ではなぜ同質的な経営を変えられないのか。これは日本の経済界が社外取締役の選任、それをうながすコーポレートガバナンスを嫌がってきた歴史にも通じるのですが、端的に言えば社外取締役を導入することによって取締役の席が減るからです。これは世界の標準からするとすべてずれていて、世界のトップ企業は、単に社外取締役を入れるだけでなくて、性別も国籍も関係なくいろいろな立場の人を入れて、取締役会を構成しています。

田原　なるほど、年功序列でがんばってきたのに、外から人が来るのでは自分たちの椅子が減ってしまう。みんなが取締役目指しているのに、いったい何だと。「冨山なんてこの会社のこと何も知らないだろう」「偉そうなことを言いやがって」となってしまう。

冨山　自分たちが作り上げた空気や和を乱されたくないんですよね。これは公務員も同じで、官僚機構の矛盾を描いた城山三郎《しろやまさぶろう》の名作『官僚たちの夏』にも人事の政治介入が嫌だという議論が出てきます。「俺は主計局長をやったんだから、普通なら次官になる」という期待をするラインがずっとあって、そうした文脈の中で官僚組織は秩序を保っている。その序列のなかで出世することをモチベーションに働いています。そこに何の脈絡もなく、時の政権の意向が反映された人事が出てくると彼らからすると許しがたいということになります。

でも、本当にそれでいいんですかと。官僚は内閣の事務組織ですよね。国民が選んだ政権の意向が反映されない人事よりも、内部の論理が優先されるのはおかしいんです。政権与党が変わったら、選ばれた政権が実現したい政策に精通している官僚に権限を与えて組織の核にしないと政策が実現できないわけですから。

アメリカでは大統領が変わるたびに幹部級の人たちが軒並み入れ替わることで、自分たちが目指す政策を推進していますよね。いわゆる「回転ドア」方式はエリートコミュニティ内での利権分配になっているという批判もあり、欠点も抱えていますが、定期的に人材が入れ替わるメリットは大きい。

役所であろうと会社であろうが、二十年先まで、誰が偉くなるかが分かっているような組織は滅びます。これは実際に多くの組織を見てきた経験則として、まず間違いありません。

田原 なるほど、話が全部つながった。

冨山 **世界をリードしている企業、そこを本当に目指している企業は多様性を義務だからやっているのではありません。多様性が組織を強くすることを知っているから取り入れているんです。**

私は多くの会社で社外取締役をしていますが、その立場だからこそこの事業はやめたほうがいいとか、外部の目から見て次の社長はこの人にすべきだと言うことができます。もちろん、外から見た意見がすべて正しいとは言いませんが、同質的で固定的なメンバーで構成されている内部の論理だけで意思決定を行う危うさに、気付く契機にはなるでしょう。無論私も企業再生のプロとして現場を踏んできましたから、ちゃんと聞いてもらえるような意見を出したいと思っていますし、そこに自分の価値があります。特に組織の空気をあえて読まずに市場競争の論理、経済合理性から「それを言っちゃあおしめえよ」な立場を必要ならば取る。そうして様々な視点から意見が出て、議論できる環境があって、組織は強くなります。

政治の世界も蝕む日本型経営の病理

冨山　田原さんにうかがいたいんですが、政治の世界におけるリーダー選び、あるいはリーダーを担う人材育成は、いまはどう変化しているんでしょうか。

田原　昔は選挙の当選回数を重ねて、派閥で鍛えていた。それぞれが地元を代表する一国一城の主《あるじ》という意識も強く、善かれ悪しかれ地元の利益のために精一杯働いていた。いまみたいに政治家がどんどん小粒になって、政治の世界がダメになったのは、やっぱり選挙制度がすべてだと思う。小選挙区制、これがダメだった。

小選挙区制は、一つの選挙区から一人しか出ない。そうなると、当選するには自民党から公認されないといけない。公認されるためには、執行部にごまをすりお世辞を使わないといけない。そうすると皆が結局トップのイエスマンになって忖度《そんたく》が働く。余計なことを言うと、党から公認がもらえないだけではなくて、刺客も送り込まれるかもしれない。河《か》井《い》案《あん》里《り》の収賄の話がまさにそうだ。そうなれば、みんな言うことを聞く。

ここではっきり言うけど、小選挙区制を導入した責任の一端は僕にもある。昔、後藤田《ごとうだ》正晴《まさはる》に二日にわたって説得された。中選挙区制は金権政治になるから、もう小選挙区しかないんだと。選挙制度を変えて小選挙区制にしないと金権政治になり、政治そのものが腐る。金権政治になると自民党は国民からそっぽを向かれると。そっぽを向かれる自民党を無理に守ろうとすると、独裁になる。絶対に変えなきゃいけないというのが後藤田の理屈で、僕はその通りだと思った。

当時の総理大臣は宮沢喜一《みやざわきいち》で、僕は宮沢喜一とテレビ番組で一対一で向き合った。選挙制度を改革するか、しなきゃダメだと言ったら「変える」と宮沢は言った。だけど、変えるといったってね、自民党はいい加減だから、いつ変えるかをはっきり言えと僕は迫った。そうすると、彼は今国会で変えると断言した。何度念押ししても「私は嘘を言いません」とまで言った。

ところが党内をまとめきることができずに、反対されてしまい、最後は不信任案が出されてしまった。最後に改革を迫って宮沢を潰《つぶ》したのも僕だし、政治改革を旗印に小選挙区制度を導入するように求めたのも僕だ。

だから、二〇一〇年代に僕は石破茂《いしばしげる》に、中選挙区に戻すべきだと言った。だが「たしかに自民党にも問題があるのは確かだ。だけど、中選挙区制には反対です」と反論した。彼は中選挙区時代の選挙を知っている。あの時代に戻すと表に出せないような金が動くことになる、今のほうが金がかからないクリーンな選挙ができるというのが中選挙区に反対する理由だった。

そのあと谷垣禎一《たにがきさだかず》にもそのことを問うた。中選挙区とはいかないまでも、せめて選挙制度を変えるべきだと言ったら、「それはぜひやってみたい」と彼は言って、検討しましょうと言ってくれた。だけどその二ヶ月後にこんなことを言いに来た。

「田原さん、実に困った。今は、与党も野党も現行の選挙制度で当選しているから、選挙制度が変わるのは与党も野党も反対なようだ。これでは変えようにもどうしようもない」

今の制度はあまりにも中途半端で、中選挙区も問題があるのならば、いっそ完全小選挙区か完全比例にするという選挙制度改革は必要だと思う。

冨山　なるほど小選挙区比例代表並立制という現行制度もあって、政治家も悪い意味での

サラリーマン化が進んでしまったと。

田原　日本型経営からどう変えるかとつながってくる。結局は制度の問題があって、安倍政権時代にはみんなが安倍のイエスマンで、皆が安倍に忖度するようになった。だから僕は安倍が自民党総裁に三選したときに、安倍に聞いた。一対一でね。「悪いけれども、国民の七割以上が森友《もりとも》学園、加計《かけ》学園は問題だと思っている。僕は自民党の国会議員もそんなにバカではないことを知っている。森友、加計と誰か一人でもあなたのところに直接問題だと言ってきた人間はいるか」と。そしたら誰もいないと言った。

冨山　自らの政治家生命にも影響が出るかもしれないのに、トップに嫌われることを恐れて意見すらしていないと。

田原　そのうえで「自民党の国会議員は、幹部も中堅もみんなあなたにゴマをすることしか考えてないと。ゴマスリばかりを考えて、本当に日本をどうするべきか、何をするべきかを考えてない。こんな無責任でやっていていいのか。ダメじゃないか」と言った。そうすると、安倍は「本当に困ったことだ」と困惑していた。自民党や国会議員が、日本型組織の問題を体現していてはどこまでも日本は変わることができない。

第三章　まず三〇万人都市を再生させよ

——地方創生のカギは限界集落ではない

日本から「GAFA級の企業を」の浅はかさ

田原　冨山さんは今の時代を代表するGAFAのようなグローバルなIT企業は、雇用を生んでいないし、その結果として中産階級がやせ細ってしまうと言った。端的にいえば格差社会だ。じゃあ、どうしたらいいんだという話になる。日本型企業の代表格だった企業はどんどん凋落《ちょうらく》していて、雇用の絶対数は減っていく。そうなると、持っている人と、持っていない人の格差は広がるし、地方も衰退していくまま。日本はこのままじゃダメだけど、何もできないのか。

冨山　たしかに日本型企業の代表格だったグローバル市場で戦う企業、私の言葉で言えばG型企業と呼んでいるものですが、そうした企業が今後大きな成長をすることは難しいでしょう。特に国内で大きなGDPや大量の中産階級雇用を生むという意味では。

デジタル化の遅れや経営の問題を指摘しましたが、デジタル化に関しては、もう多くの大企業で取り組んでいて、業務改善的な部分では遠からず世界に追いつくでしょうし、経営の多様化についても、行わない企業は衰退していくことは目に見えているので、どこかで改革は行われます。それでも伸び代は大きくありません。日本のG型企業が生み出すGDPはせいぜい三割程度で、今後何かイノベーションが起こって三〇%が三二%になろうが、三三%になろうがマクロで見た時の影響はさほど大きくない。

現実に雇用が劇的に増えるということも考えづらい。G型企業で雇用されている人々は全体で見れば二割程度で主に国公立や中堅以上の私大卒が中心となっています。彼らの雇用は新しい技術革新で減っていく可能性すらあります。

そこで目を向けるべきは、残りのGDPの七割——人材でみれば八割——の世界です。グローバルではなくローカルで商売をしている、私がL型企業群と呼んでいる小売、卸売り、飲食、宿泊、エンターテインメント、地域金融、物流、運輸、建設、それに医療や介護、農林水産漁業です。これらはコロナ禍で私たちの社会生活を支えてくれている、なくてはならない働き手、エッセンシャルワーカーとしてその重要性が再認識されている人々の多くが働いている産業群でもあります。

L型の特徴は地域密着で、その地域にいる人たちとフェイス・トゥ・フェイスでサービスをしている産業が多いことです。人と人とが顔を突き合わせて成り立っている産業は、結局のところ、グローバル化がいくら進んでも空洞化しませんし、工場のように移転をすることもありません。そして、デジタル化で効率化は進むかもしれませんが、最後は人手がどうしても必要な産業になります。たとえば5G導入による遠隔医療の可能性なども議論されていますが、遠隔手術を行うにしても、現段階では画面の前に人はつきっきりになります。何かが起きた時のために患者さんの近くにも医師や看護師は必要です。

いま挙げたような産業は、新型コロナ禍で影響を受けてしまいましたが、メディア上の危機感はイマイチ薄かった。テレビ局は消費増税の影響などを新橋《しんばし》の街頭で大企業勤務のサラリーマンに聞きたがります。しかし彼らは人口的にはマイナーな存在です。GDPの七割を担うL型産業に八割の人材が従事しているのに、彼らの話は後回しです。

G型が日本経済の中心であり、G型企業が凋落していることが日本経済の根源の問題であるかのような言説がまかり通っています。

もちろんコロナ禍によってG型企業も打撃はあります。全日空は大きなダメージを受け大幅な人員削減を視野に入れた経営再建策を打ち出していますし、LCCのエアアジアは破産申請を行いました。それでもL型に比べれば概して体力がある人たちの打撃であり、グローバル製造業は中国経済の急回復や巣ごもり需要で下支えされている部分もある。実はもっと弱いところに痛みもダメージも生じているんです。その大半がL型産業に従事しています。

私の主張は日本経済の主流はG型産業ではなく、L型にあり、地域経済、地方経済が全国的に回復することなしに日本経済の復興はありえないというものです。GAFAのような企業が日本から生まれても日本経済全体を回復させることはできないんです。

そして、L型のほうがその先の日本の経済成長の上でも伸び代がはるかに大きい。付加価値生産性で言えば二倍、三倍の成長が見込める企業群が大量に残っています。なぜかといえば、まだまだ生産性が低く、デジタル化も進んでおらず、そして前章に述べた旧態依然とした日本型経営が主流だからです。ポテンシャルや事業の割に低賃金な産業が多く、ここが変われば確実に消費の向上、経済成長の底上げになります。GDPとは付加価値生産額の総計ですから。

生産性を上げるためにはデジタルシステムの導入がかなり効果を持ちますし、私が以前から主張しているように、最低賃金については政治主導でもっと上げるべきです。産業構造が大量生産大量輸出型の加工貿易型でなくなった現在、歯を食いしばって低賃金で頑張る産業や企業を国内に残す意味はありません。実際、そういうモデルの工場に行ってみてください。大半が外国人労働者だったりする。それもブラックな働き方をしている。

田原　L型のほうがかかわっている人が多い。

冨山　だから、インバウンドに力を入れ、イベント誘致を進めるようになったわけで、観光業で人を雇用しようという動きが高まりました。地方都市を中心に飲食業もコロナ以前は好調でした。

まずは地方「都市」を再生せよ

田原　L型企業の多くは今ね、元気がない。おまけに今回のコロナでやられているので、さらに疲弊している。さらにいえば、後継者がいない。本当に地方経済が再生できるのか。僕はよくわからない。

冨山　まず、はっきりさせないといけないのは、私が地方再生といったときの地方は、限界集落を指した言葉ではないということです。

なぜか日本で地方再生、地域活性というと、限界集落の話になりがちなんですが、そうした場所にバスを通す、介護サービスや買い物の宅配という事業を行き届くようにするためにも、最も大事なのは地方の中核都市の再生です。

Lの領域はリアルな産業の集合体なので、運輸、介護、医療、飲食、観光産業も典型ですけど、どれも「そこ」でしかできない仕事がすべて含まれます。

こうした課題はコロナ以前からずっとあります。L型産業は需要があるのに人手が足りない産業になっていたんです。

田原　地方はみんな人手が足りない。第一、人口がどんどん減っている。

冨山　そうです。生産労働人口が先にいなくなっているので、マクロでみると働き手が減っています。ですが、人間ご飯も食べるし、やっぱり食堂は必要だし、旅行もしますから泊まるところも必要です。それから高齢化により医療・介護はどんどん必要とする人が増えていきます。運輸も同じです。コロナ禍でよくわかったと思いますが、リアルで物を運んでいる人たちが様々なインフラを支えています。

人は年を取ると、公共のバスを頻繁に利用するようになります。民間のバスも同様です。こうした産業は人がいる限り必要不可欠です。民間で言えば、赤字路線があったとしても別の黒字部門でカバーするだけの企業体質になっていることが多いのですが、それでも多くの人の幸せにつながっています。

L型の需要はその地域で今後爆発的に増えるということはありませんが、一定以上は必ずある。それにもかかわらず現時点では供給側の減り方が激しい。生産年齢人口の減少により、構造的に人手不足になっている。さらに後継者問題もあります。働き手の人手だけでなく、経営者の人手も足りない状況になってしまっているんです。

もともと人間の労働力に頼っている産業ですから、一人一人の労働生産性がなかなか上がらないと、収益が上がらず、結果として低賃金産業に陥りがちです。

こうした企業の問題に目が向けられなかったのは、グローバルな産業が雇用の受け皿になっていたからです。これは建築や土木工事も同じで、海外展開もできる大資本が仕切って、様々な形で下請け企業に仕事を回してきました。

田原　かつては工場で社員を雇うだけの余裕があったけど、グローバル化とデジタル化で大企業に余裕がなくなって、そういった工場では非正規雇用が増えている。東日本大震災による復興予算や東京五輪関係の再開発も受け皿になっていた。でも、これからはそうじゃない。

冨山　そうなると、多くは非正規で、ということになっちゃう。非正規雇用になっちゃうんですね、こういった産業は。

田原　大都市の非正規雇用ね。

冨山　そうです。ですから、ある意味でL型企業は日本経済のバッファとしてずっと機能してきたような位置づけだったんです。けれども、現在は構造的にこうした産業にかかわる人が圧倒的に増える一方で、もはやG型産業の古典的なサラリーマンが増えることはない。そうであれば、L型産業群の経済を活性化しないと、日本の経済の未来はないということになります。これは論理的な帰結です。

若い女性も男の子もみんな東京や大都市に吸い込んで、額面では地方にいるより高い給与になるかもしれないけど、高い家賃と生活費をまかなって貯金もできて……という仕事なんてそうそうありません。ほとんどの若者は東京にあるL型産業で働いています。それで、結婚や子どもを持つことに不安がある状況のまま年を重ねてしまう。

問題は地方から出てきた若者にあるのではなく、地方にある仕事に人材が回らず、彼らの力を活用できていない構造にあります。

東京の繁栄というのは、地方の人口を食いながら繁栄していると言ってもいいですね。この不幸な構図を変えていかないといけない。

地方都市、たとえば、宇都宮《うつのみや》市やいわき市、あるいは長野市を想像してほしいのですが、そうした都市に若者が東京から離れて仕事のために戻って、仮に年収が一人当たり三五〇万から四〇〇万円くらいの仕事につければ、貯金も結婚も育児もできます。みちのりグループのバスの運転手なら、正社員として年収四〇〇万円以上の人はたくさんいます。

問題は限界集落ではない

田原　若者を地方に戻すためには、どうすればいいんだろう。

冨山　繰り返しになりますが、まず限界集落の再生みたいなイメージで語り始めることを真っ先にやめるべきでしょう。まったくリアルな話ではないからです。

限界集落に移住しようというキャンペーンをやってもいいのですが、それに呼応するのは一部だけで、多くの人たちにとってリアルなのは、先ほども述べたように中核都市です。

身もふたもないことを言いますが、「東京にあるものがある」というのは、すごく大事なポイントで、たいていの中核都市にはスターバックスもあるし、ユニクロもあるし、もちろん映画館もあるし、ちょっと足を延ばせばショッピングモールもあるでしょう。東京の最寄駅やちょっとしたターミナル駅と変わらないものがそこにあるということは安心材料なんです。特に若い世代の本音として。

給料は一段階下がったとしても、家賃や住宅ローンといった部分の支出も減ります。そこに自分が東京でやっていたキャリアを活《い》かせるような仕事があれば、東京にいたときよりも豊かな生活ができる可能性が高まります。

エンターテインメントがあるというのも大切です。たとえばプロ野球の球団数は限られていますが、Ｊリーグに所属するチームが創られていたり、スポーツ施設が充実していたりする都市はかなりあります。今はコロナ禍で大変ですが、プロ野球も各リーグせめて八球団くらいの一六チーム以上にして、それぞれ東西地区で優勝者を決めてチャンピオン同士でプレーオフをやるようにすればいいと思います。そうしたほうが日本シリーズもいまよりはるかに盛り上がるでしょう。

関東《かんとう》では東京から近いことを打ち出す街も少なくないんですが、東京にいるのとそう変わらない必須《ひっす》のものがあって、加えて東京では手に入らないより豊かな生活ができる。これを打ち出すことがまずもって大事になります。コロナ禍で大都市の過密生活が問題になり、リモートワークの活用も進むことで、東京では手に入らない豊かさのアピールはしやすくなっているのではないでしょうか。

人口三〇万人規模の自治体が地方再生のカギを握っているというのが僕の考えです。

田原　そうか。そこが一番ポイントなんだ。地方で人口が増えている都市の一つに福岡がある。福岡は都市部を中心に人口が増えている。これは冨山さんの話で説明できる。

冨山　福岡市くらいの都市だと、もともとまったく問題ありません。福岡は大都市で、東京よりも施設が集中していて、野球チームもあるし、生活費は安いし、通勤も楽だし、食べ物も美味《おい》しいし、遊ぶ場所にも事欠かないし、エンターテインメントまでついてきます。危機管理で東京のサテライトオフィスを作れば、働きたいという人がこれまで以上に多くなるでしょう。

問題は福岡の周辺の都市です。たとえば八幡《やはた》製鉄所で栄えた北九州《きたきゅうしゅう》市は福岡市への人口流出で悩んでいます。中核都市にはシャッター街も増えてきて、空き家になりかかっているので、みんな共倒れしかねないという問題を抱えている。

そのため人口をもう一度、中核都市に集めてくるという都市政策を、今度は地方でやらないといけないんです。

田原　そこが一番大事だ。

冨山　**私の主張は、最初は行政がとにかくお金を使ってかまわないから、中核都市部の再開発を行わないといけないというものです。**高齢者施設、介護施設もむしろ中核都市のど真ん中につくっていい。

田原　産業はどんなものを呼んだらいい。

冨山　L型産業の多くはサービス業ですから、人口が集まれば自然と生まれてくるんです。あるいは、再生してくるんです。

介護施設が真ん中にあれば、そこで働く人を始めとして周辺に人の流れができますから、人が集まれば、例えばバスを運行しましょう、飲食店を出しましょう、ニーズを見込んでコンビニも出しましょうとなって、必然的に雇用は生まれるし、人手が必要になってくる。最初は政策的に誘致したものであっても、人口さえ集まれば投資はすぐに回収できます。

田原　そうか、サービスをつくらないと人が来ない、じゃないんだ。人がいればおのずとサービスが生まれるわけだ。

冨山　飲食、宿泊、医療・介護事業といった地方に欠かせない産業はお互いが近くにあって、集まっていたほうが圧倒的に効率がいいんです。L型産業は規模よりも密度が経済効率を決める産業ですから。逆に言えば、地方都市の駅近辺の再開発は非常に大きなチャンスです。

現状、地方に行けば、必ず車が必要だということになります。日本のモータリゼーションが進んだのは、田中角栄に端を発する、列島改造論的な発想です。

うんとシンプルに図式化すると、田中角栄の発想の根幹にあるのは工場誘致でした。京《けい》浜《ひん》工業地帯だけが工業で栄えるのはおかしいと。地方にもその恩恵が必要であり、そのためには物流網を安定させないといけないから公共工事で道路を作り、高速も作り、東京の本社と地方の工場の行き来を容易にするために新幹線を作り、あらゆる交通網を整備するというものです。

それでは工場をどこに作るんだ、となったら海沿いとか、郊外の田畑を買い上げて作るということになりますね。そうなると通勤のために必要なのは車で、ちょっと離れたところに住むようになる。人と人が行き来するから、ロードサイドにレストランやショッピング施設が大量にできるようになったと。そうなると郊外には人がいるけど、中心には人がいないドーナツ化現象のミニ版が各地方都市にも発生して、今に至っているんです。

地方の人口推移を調べると、戦争直後に大陸引き上げと大都市から焼け出された人が食料を求めて開墾農地などへ流入して激増し、その後、一九五〇年代後半から都市や太平洋《たいへいよう》ベルト地帯などの工業地域への集団就職で減少に転じます。ところが田中角栄首相登場から見事に増加に転じて、バブル崩壊まで増加傾向は概《おおむ》ね続く。そういう意味で列島改造政策は劇的な効果を上げた。問題は一九九〇年代以降、産業構造が変わり、少子高齢化で全体人口が減少する時代にそれを引っ張り過ぎたことです。

つまり、郊外は開発されたけど、工場誘致はG型産業なので廃れてしまい、L型産業が力を発揮するための都市化は地方の中核都市ほど実は遅れているという問題が起きているんです。実は地方人口は百年前よりもほとんどの県で今の方がはるかに多いんですよ。しかし、戦後の限界農地の開墾、列島改造期の郊外展開によって拡散居住が進んだところに人口減少がやってきたから過疎化と中心市街地の空洞化が深刻になっている。

本当の意味で、現代的な形で産業が集積する都市化は地方ほど起きていないと考えないといけなくて、実は集住を進めるための中核都市の再開発が必要で、ここには投資する価値があるんです。

田原　日本列島改造論のもととなる論文は、田中角栄が中央公論一九六七年七月号で発表した「自民党の反省」という論文だった。一九六七年の東京都知事選挙で、当時の日本社会党と共産党が支援した美濃部亮吉《みのべりようきち》が当選して、自民党が敗れた。当時、流行した言葉で言えば「革新自治体」が事実上、初めて誕生した瞬間だ。

角栄がとりわけ重視していたのが、農家人口の激減だった。田中が引いているデータによれば離農している人口が一九六〇年から六五年までの五年間で、実に二四〇万人いて、多くの人が都市に流入していた。自民党の伝統的な支持基盤が崩壊しかかっていることに角栄は危機感を募らせていた。では、都市はどうかといえば、公害や人口の集中という課題を抱えていた。ここに効果的な対応ができないから自民党は都知事選挙に負けたんだと考えた。

そこで、角栄が打ち出したのが都市改造と地方開発を同時に進めることだった。この論文にある「狭い国土、乏しい資源、厖大《ぼうだい》な人口というわが国の宿命を逆利用して、均衡のとれた国土総合開発計画が、まず最初に描かれなければならない」というのが、田中角栄という政治家の根幹だった。角栄は均衡を重んじたからこそ、地方、特に裏日本に道路を通すことが大事だと考えていた。ただ、もはやそうした時代ではなく、選択と集中をしなければならなくなっている。

生産性を上げないことで昭和は社会が回っていた

田原 第二次安倍政権で石破茂が地方創生担当大臣になったとき、石破に地方創生はどうなった、と聞いたら、うまくいかないとずっと言っていた。というのは、あの時、地方創生を掲げた時に地方の首長たち、あるいは県知事たちは、言い方はいろいろだったけど、かいつまんでいえば国からもっとお金がほしいということを言っていたからだ。

石破がうまくいかない、と言ったのは彼らが本当に冨山さんが言うような再生プランを考えていなくて、ここに投資してほしいという話ではなく、とにかく金をよこせと言っていたからではないかと思った。

地方には金がないから結局、地方交付税という形で、実質的には東京の税収を取るということになる。見ようによっては、地方から人材が東京に集中していることのバランスを税の配分という形でバランスを取っているとも言える。だが、こうした構造が必ずしもいいものとは言えない。

冨山　田原さんの考察はその通りだと思います。そもそも今の国の政策体系において、短期的にはお金を配るというチョイスしかほぼないので、石破さんがそれだけでは機能しないと思っていても政策手段がなかったのではないでしょうか。政策を享受する首長のみなさんにとっても同様です。

首長だけでなく、今の古い世代の経営者は大半がそうした発想で、いかにして行政から

お金をもらうかしか考えていません。

田中角栄的な政策がその象徴ですが、基本的に日本の地方政策というのは、直接、間接と様々な形で中央から地方に事業なりお金をばらまく仕組みがたくさんあることでした。旧来のL型経済はいかに外の人にお金をもらうかという点に目が向けられていました。ここ十年ほどの訪日客の数にこだわったインバウンド重視の発想もその延長線上にあります。これは国全体でもそうで、外部から収入を得ないと経済は成長しないという、かつての加工貿易立国モデル、いわば重商主義的な発想から抜け出られない人が多い。それが本当なら外部経済の存在しない世界経済全体では成長しないはずなんですよ。

国内においては、まだ東京にはお金があるので、そこから吸い上げて地方にばらまくという仕組みになってしまって、地方経済は維持できているわけですが、東京の経済力を支えるグローバル産業がピンチになっている以上、このモデルは持続可能とは言えません。実際、都道府県別の経済成長率をみると東京は下のほうです。人口は増えているわけですから、一人当たりのGDP伸び率はもっと低水準。これが東京の現実です。

そして最大の問題は、地方に分配を続けることで地方は地方で生産性を上げる努力をしなくなってしまうことにあります。

要は真面目に経営をコツコツやって生産性を上げる努力をしている暇があったら、永田町に陳情に来ちゃったほうが早いので、悪く言えば経営なんて真面目に考えないほうが楽なインセンティブが働くようになっているんです。

もう一つ付け加えます。このモデルが機能していたのは、人手が余っていたということも大きな要因です。公共事業が良い例ですが、市中に働き手が余っていて、なんか仕事をしないと完全に失業する人が大量に出てしまう。本当は人は足りていたとしても、なんか工事の仕事を請け負って、賃金はさほど上げずに目一杯に人を雇ったほうが失業率が上がらなくて済みます。談合もそうですね。幹事企業を持ち回りにしたり、様々な形の下請け企業が入ることで、小さな工務店も安定した仕事を確保できていました。リーマンショックの時に失業率が大きく高まる懸念の中で、ワークシェアリングという言葉が話題となりましたが、ずっと日本はワークシェアリングしていた国だということもできます。

そうすることで日本社会が安定していたのはまぎれもない事実で、失業率がここまで低く抑えられてきた国はありません。ここで生産性を上げようとなったら、たとえば経験ある熟練工を集めて、納期を短縮して、技術革新を進め最新鋭の機械を積極的に導入するというのが最適解になります。むしろ人がいらなくなる。そうなると市中に余った人たちは失業してしまうんです。

生産性を上げないことで、大量に人が必要な仕組みをわざと作って、のんびりと長い納期で工事をやるという仕組みも昭和の時代、特に安定成長期に移ってからバブル崩壊の頃までは一定の必然性があったんです。そして平成に入ると、この仕組みはグローバル化とデジタル化ではじき出される雇用の受け皿となって社会の安定弁としてますます重要になり、財政支出もどんどん増えていった。

ただ、今は中央にいよいよお金がなくなっていて、地方に働き手がいなくて足りないという状況です。生産性を上げることで倒産が増えたとしても、そもそも人手不足ですから勝ち残った企業が受け入れることができます。行政が限られたお金を使うのであれば、生産性を上げる事業への投資一択でしょう。そして国土政策の具体論的には先ほども申し上げたような中核都市の再開発が起点になります。

いま、生産性を上げなかったら、全員が不幸になるだけです。

地方の赤字企業は都市の人材で回復する

冨山　地方創生にかかわった事例を話すと、私は二〇一五年から二〇二〇年までの五年間政府主導で設立された株式会社日本人材機構の社外取締役を行っていました（現在は解散。各地銀が自前でサービスを行うとともに、核となる事業はみらいワークスが引き継いでいる）。ちょうど石破さんが地方創生の担当大臣になったときです。

もともとのきっかけは、二〇二〇年九月から総理大臣を務めている菅さんが僕の地方論である『なぜローカル経済から日本は甦《よみがえ》るのか』（ＰＨＰ新書）を熱心に読んでくれたことでした。同じ頃、元岩手県知事・総務大臣の増田寛也《ますだひろや》さんによる編著『地方消滅』（中公新書）も話題となり、それで地方創生を一つの政策の核にする契機となったように思います。その流れで地方企業に東京の人材を斡旋《あっせん》する会社として日本人材機構という、新しい人の流れを作ることを目的とした国策会社が設立され、友人の小城武彦《おぎたけひこ》さんが社長に就任しました。

田原　僕はよく知らないんだけど、冨山さんは小城武彦を非常に高く評価しているね。

冨山　小城さんは元々は通産省（現・経産省）の官僚です。アメリカへの留学経験もあって、日本に帰ってからはベンチャー企業の育成や成長政策などに関わっていました。日本ではベンチャーが出にくいと言われていたのを変えようとしていたんですね。

私は彼の人間性も評価しています。それは彼自身が率先してリスクをとって動いてきた人間だからです。彼が通産省時代に立案していたベンチャー関連の政策は、人にリスクを取るように勧めているものですが、リスクを取れと勧めているはずの自分は霞《かすみ》が関《せき》の年功序列の中で、将来決められたレールに乗っているだけだと自身の矛盾に気づく。そこで彼は経産省をやめて、まだ今みたいに大きくなる前のTSUTAYAを経営しているカルチュア・コンビニエンス・クラブ（CCC）に飛び込みます。平社員からスタートし、常務を任されるまでになりますが、また新しい挑戦を求めていたので、私が二〇〇四年に産業再生機構をやるときに声かけて、手伝ってもらったんです。

その後も、カネボウの再建をやってくれたんです、私がかかわってきた中でも最も難しい案件の一つだったカネボウの事業再生を見事にやり遂げてくれました。

もう一つ彼が偉いのはCCCに転職したときに、それまでバリバリ通産省の官僚で、海外留学もしていたのに、一切、エリートとして振る舞わないで、ちゃんと現場からやり直しているんです。最初は増田宗昭社長のカバン持ちから始まり、経験を積んでから、社内ベンチャー「ツタヤオンライン」を自ら設立し、CCC経営幹部として出世しているんですよね。口先で偉そうなことを言う人はいくらでもいるんですが、きちんと自分の力で民間に転じて、自分の力をちゃんと周囲に認めさせながら出世できる人はほとんどいません。

田原　官僚は国の仕事ができるが、民間で活躍できる人になるかどうかはかなり分かれる。小城武彦は民間にいってむしろ良かった。

冨山　実際、ＩＧＰＩグループが順調なのもひとえに人材の優秀さゆえです。企業再生を行っていると時々誤解を招くのですが、私たちはハゲタカファンドではないので、早期の利益化も、売り逃げもまったくしません。企業買収の際には可能性をその企業に見出《みいだ》し、長期的に社会にプラスになると判断したうえでやっています。そして、持続的な経営においては、コンサルタントとして求められる頭のよさだけではなく、タフな現場で粘り強く交渉を重ね物事を前に進めることができる経験豊富なビジネスパーソンの力が必要です。

私たちが展開してきた東北を中心にしたみちのりグループのＣＥＯは盟友の松本順《まつもとじゅん》がやっていますが、松本の下に元々東京で働いていたビジネスパーソンがいて、彼らが地方の現場で様々なステークホルダー、たとえば買収対象の企業や自治体の関係者とコミュニケーションを取りながら、もとの従業員の雇用も守りつつ、さらに地域の雇用につなげる仕事をこなしています。

田原　冨山さんのバス会社がなぜうまくいっているのか。詳しく話を聞きたい。

冨山　私たちはまず経営のプロフェッショナルです。これまでお話をしてきたように、経営をわかっている人材は地方には少ないんですね。だから、まずそこに優位性があります。私たちはバス事業のＥＢＩＴＤＡ（利払い・税引き・償却前利益）を重要指標に定め、どこにコスト削減の余地があるのか、削るだけでなく、どこに設備投資が必要なのかも徹底的に見極める。とにかく丁寧かつ忍耐強く「分ける化」「見える化」と改善改良を続ける。そのために有用なＩＴ技術、デジタル技術も活用します。必要十分な範囲で最も安いツールはないかと検討していきます。そうすると、たとえば福島交通にせよ、茨城交通にせよ、人口減少で慢性的な赤字だった地方バス会社が、持続的な経営改善努力の結果、黒字化して行きます。

加えて今はスケールメリットを持っています。こうした会社の改造、トランスフォーメーションが進んでいくと周辺のバス会社がグループに参加を希望してくれます。結果的にグループ全体で傘下に各地域のバス会社を抱えていて従業員だけでも五〇〇〇人という規模があります。そのメリットは単純にいえば、修繕や設備ではバラバラであった部品交換基準を輸送の安全性を担保しつつ最適化したり、他社とは違うバス停を設置できたりするといったことが挙げられます。部品の交換基準を見直したり、部品などの調達コストの情報共有を行ったりすれば、当然ながら大幅にメンテナンスコストは下がり、これはデジタル化を進める時にも大きな武器になります。また、人が貼り替えていたバスの時刻表を、デジタル表記に変えればこの人たちは別の仕事をすることができて、会社の生産性は一気に上がりますよ。

もう一つ地続きで路線網を拡大することでネットワーク効果もあります。うちは高速バスで福島・郡山《こおりやま》から名古屋《なごや》まで結ぶ路線を持っていて、これがわりと好評なんです。なぜ好評かといえば、宇都宮にも停車するようにしたからです。それができるのも、うちが傘下に福島交通に加えて、宇都宮に地盤がある関東自動車を買収していたからです。県境をまたいで、グループのネットワークをつくり宇都宮からも客を乗せられるようになり、収益も増大しました。

コロナ前の指標になりますが、バス会社の成長株と言われていたのが実は高速バス事業でした。高速バスは、全国で年間一億九〇〇〇万人が利用すると言われていて、国内線の飛行機よりも利用客が多かったんです。バスタ新宿《しんじゅく》ができたときに話題になっていたのは、それだけ多くのニーズがあったからです。

こうした努力で労働生産性が改善すると、福利厚生や雇用の安定にもつながります。これもよく報道されていましたが、高速バスの運転手はブラック体質な事業所で働いている場合もあります。その結果、不眠状態で運転することになり、乗客の命に直結するような事故が起きてしまっていました。バスを運行しないと収益を上げられないが、肝心の運転手に替えがいないという企業が少なからずあったんです。うちではそういうことはありません。適度に休みをとってもらいながら、運転手の健康を守り、かつ安定的な給与を出すには強い経営体質になっていないとダメなんです。

人手不足社会では採用力とリテンション力が成長力を規定します。労働生産性が高い会社のほうが待遇は良くなります。EBITDAが高いというのは、すなわち設備投資力があるということですから、より安全でエコで運転しやすい新しいバスやITシステムを導入できます。最近ではバスロケーションシステムの導入を行い、さらに最先端のAIを搭載したダイナミックルーティングや自動運転走行の実験にも取り組んでいます。コロナ禍でもこうした未来投資は止めていません。

また、私たちが経営やマネジメントのプロであるのと同様に、バス運転手もプロフェッショナルの集団です。ですので彼らに対する敬意を強く持っています。私たちは経営を見ているけど、では、お前たちがハンドルを握って運転してみろよと言われても、それはまったくできない。無事故、無違反を続けているベテラン運転手の技術はないし、地方の道だってよく知りません。彼らには彼らの仕事があって私たちにはできないことをやって、利益を上げてくれています。地域にとってのエッセンシャルワーカーは彼ら彼女らなんです。プロフェッショナルである彼らの仕事を軽くみるような態度、発言をしないというのは、その根本的価値観に立脚すれば当然のこととして、経営者、マネージャー陣で徹底的に意思共有できています。

田原　なるほど。冨山さんのバス会社がうまくいっている理由だけでなく、東京の人材が活躍している実情もよくわかった。僕はこういうことをまったく知らなかったけど、東京でダメになった人たちでも実は地方では活躍できる可能性を秘めているんだろうか。

冨山　東京の不幸は、世界的な都市であるがためにグローバルな極めて厳しい競争になってしまったことです。中途半端な人って役に立たないと言われるようになって、グローバル産業＝大企業の中では低い扱いを受けてしまう。腕一本で技能を磨くプロフェッショナルになるか、海外の大学で修士号や博士号を取ってくるとか、大規模プロジェクトを手がけて出世するという話になってしまっていますね。正直、みんながみんな熾烈《しれつ》な競争に生きて、勝ち抜けということになっていると。世界が相手ですから、世界ランキングで上位にいける人材でないと戦えず、対価を得られない。

こうしたグローバルな出世競争を多くの人に求めるのは無理な話です。競争が好きな人はそれでいいですが、ほどほどに充実した仕事をして、ちゃんと生活したいというニーズを満たせずに会社にしがみついている人が山ほどいるわけです。

こうした人材が仮に地方に行ったとしましょう。本人がつまらないプライドを捨て、謙虚に本気で頑張れば、もうピカピカの素晴らしい人たちだと受け止められますよ。

田原　具体的に東京の人間が地方へどのくらい動けば変わるんだろうか。

冨山　**あくまでも私の感覚でしかありませんが、東京で働き盛りの三〇代から四〇代の半分くらいが地方に行ったほうが活躍できると思います。**もし、仮に東京の人口のうち若者も含めて二〇〇万から三〇〇万人が活躍の場を求めて地方に移住すれば、確実に日本の風景は変わるでしょう。働き盛り世代のうち何割かは経営や管理部門を任せられる人材として、現場で頼れる働き手になっていくであろう若者たちを支える存在になります。それが地方の未来につながるんですね。

田原　それは面白い。僕が冨山さんの話で感心したのは、地方創生をするためには、産業を作らないといけないというのは違う、まず都市を再開発して、人口が増えればいいんだと。人が流れるようにすればいいんだと。そして、生まれた仕事に人を斡旋すればいいという発想。これは目からウロコで、間違いなく新しい日本の地方創生につながる。

冨山　私が問題だと思うのは、「地方移住」の話をすると東京で疲れた人たちが、のんびり暮らすために、というイメージが先行することです。

別に田舎暮らしを否定しようという気はありません。ただ、地方移住という議論がいつの間にか都市での生活を捨てることと直結させられていることで、視野が狭くなってしまっています。東京や大企業では燻《くすぶ》っていたとしても、地方都市では活躍できる人たちはたくさんいるし、違う場所でもっと自分の力を発揮したいと思っている人はごまんといるわけです。その人たちのニーズに応《こた》えるステージが用意できるかどうかが大事なんです。

人材マッチングにはコンサルティングも不可欠

田原　冨山さんがやってきた株式会社日本人材機構の話を具体的に聞きたい。人材、人材といっても斡旋がうまくいかなかったら、絵に描いた餅《もち》になってしまう。本当にできるのか。冨山さんがどんなことをやってきたのか。具体的に教えてほしい。

冨山　これは、一言でいえば、三〇代から五〇代前半くらいまでの大都市部のサラリーマンの人を地方の中堅中小企業にマッチングさせるサービスです。経営者紹介マッチングだと思ってください。東京には東京で地方に転職したい人はいませんか、という募集をかけます、インターネットも含めて、様々なメディアにPRしながら告知して、人材をプールしておくんですね。その時に、転職希望者のいろんな希望も聞くわけです。いったい何ができるのか、どんな仕事を希望するのか、報酬はどのくらい求めているのか……といったところですね。

地方は地方で、地方銀行や地域の商工会議所を中心にしたネットワークを作っておいて、こっちもヒヤリングをしておきます。地銀だと地元の中堅企業への圧倒的なネットワークがありますから、あの企業は「幹部人材が不足している」「東京とのパイプがありそうな人材を求めている」「いや、デジタル化に強い人がほしい」という情報を逐一持っています。いろいろなニーズを持っているので、人材機構が仲介して、両者のマッチングを行います。

ただマッチングビジネスでは往々にして、「こんな人がほしい」「こんな会社で働きたい」という漠然とした希望が先行しがちです。私たちが大事にしているのは、「本当に必要な人材」を「本当に必要としている会社」にマッチングすることであって、中途半端な紹介だと双方不幸になってしまいます。

実際に取り扱った事例を相手企業に迷惑がかからないようデフォルメして紹介します。地方で売上規模三五億円、従業員三〇〇人というかなりの規模の会社から、海外営業の責任者がほしいという依頼がありました。企業側の考えは「国内で売上が減少してきたので、海外市場で活路を見出《みいだ》していこう」というものです。安易な発想で人材紹介をしている会社であれば、東京のメーカー出身で海外営業経験がある人材をさっとプールしたリストから探し出して、AさんBさんCさんといて、出身県で実家も近いし、本人も家族と転居したいと言っていたからAさんを引き合わせましょう、で終わります。

でも、それは最適解ですか、と私たちは問います。この会社の主力製品はパソコンなどに使われる電子部品だったんですが、これはグローバルで競争が進んでいて、調査を行った結果およそ海外に活路があるとは思えないものでした。このままAさんをマッチングしてもおよそ成果は望めませんし、企業側は「なんだ、せっかく取ったのに、役に立たないじゃないか」と思うでしょうし、Aさんにしても「せっかく転職したのに、これなら東京にいれば良かった」となりかねません。私たちにしてもビジネスチャンスを逃すことになります。

そうならないように、私たちはまずこの会社の持っている技術力、製品の開発力をもう一度精査して、本当に国内市場はノーチャンスなのかということから考えます。もちろん私たちだけが考えるのではなく、ここの経営者と一緒に考えます。一緒にコンサルティングもしてしまうんです。オーナーにとっては一緒に事業戦略や今後の稼ぎ方を再定義するチャンスになりますし、私たちには地方で困っている企業のニーズを見極めるチャンスになります。

コンサルティングの結果、実は国内自動車市場においてこそ、この部品のニーズが高まりそうだという結論になりました。そうなると必要な人材は変わってきます。海外営業経験は必要ではなくなり、自動車業界に精通している、もっといえば自動車業界で市場を開拓したことがある人材こそがこの企業が求める最適な相手になります。

誤解のないように付け加えますが、見誤ったオファーを出した経営者が悪いということでは決してありません。この企業のオーナーは現在の市場の先細りを懸念し、海外市場への挑戦という答えを導いていたのですが、それを相談する相手がいなかった結果、議論を精査することができなかっただけです。そもそも地方においてはオーナーが経営を相談できる機会そのものが不足していて、少なくない人が孤軍奮闘せざるをえない状況に陥っています。

この不幸を解消しないと幹部人材斡旋はうまくいきません。始めてみたら、そもそも人材というよりコンサルティングだけで業務改善して、効率化できて、業績も上がった事例もあります。

田原　なるほど、具体的でとてもよくわかった。つまり、ただ仲介する人がいれば済むという話ではなく、企業のコンサルティングの一環としての人材斡旋でないと、せっかくの機会が無駄になってしまう。賃金はどうなんだろう。やっぱりちょっと下がるんだろうか。

冨山　率直に言えば、一般職で入れば下がります。ですが、幹部人材は例外です。人材機構のデータを見ると、上は最大で年収二三〇〇万円で転職した人がいます。平均すれば年収八四五万円といったところで、転職者の平均年齢が四九・二歳であることを考えると、多くの人はほぼ前職並みにもらえているとは言えるのではないでしょうか。

地方に転職を希望する人たちはみな減収は覚悟しています、というのですが、いざマッチングを始めてみると、地方の中堅企業、中小企業は彼らは彼らで人材を求めているので、できるかぎりの待遇を準備するということがよくわかりました。

中小企業の支援という話をすると、税制度で少し優遇して、という話にいきがちです。もちろん私もお金が大事ではないという気はありませんし、マクロの様々な支援には即効性があります。けれども、お金だけでは将来的な行き詰まりを打破することはできない。そういうことに地方の経営者で気づいている人もいるんです。地方が優秀な人材を求めているというニーズを拾わないといけないんです。

あとは必要なのは魅力的な会社です。魅力的な会社がないと地方には人が行きません。いまのいわゆるちょっと封建的な古い家族経営の中小企業には、やっぱり人は行かないんです。

田原　そこは変えられるのだろうか。

冨山　ですからL型企業の経営をアップデートしていかないといけないんですよ。これからデジタル化を推し進めることで最大の果実を享受できるのは、G型企業ではなく、L型企業です。

G型企業の多くはすでに恩恵を得てしまっているので、ここから大きな恩恵を受けることはまずありえません。個別企業におけるデジタル革命というのは、平たく言えば、デジタル技術による様々なイノベーションを実装することです。最近ではそれをデジタルトランスフォーメーション（ＤＸ）と呼んでいますが、日本の大企業はどこもそれなりに、イノベーションを取り込んできてはいるんです。コロナショックでテレワークが進み、リモート会議がかなり浸透しました。ＤＸブームですからさらに導入は進むでしょうし、今後も業務効率化には貢献するでしょう。しかし、その手のＤＸで成長できるかというと、Ｇ型企業には実は伸びる余地があまりないんです。むしろテレビやオーディオ製品みたいにＤＸで産業構造が大きく変容してまさに「革命」という次元まで行って既存のビジネスが破壊される場合さえ出てきます。

これに対し、Ｌ型産業は本質的に対面型のリアル産業なので、根本的な部分でサイバー空間のデジタルサービスに置き替わることはありません。ウーバーにしてもエクスペディアにしても彼らが本質的な価値提供を行っているわけではありません。あくまでも支援サービスです。むしろ地域密着で経済活動を行っている私たちの側に新しいＩＴ技術やデジタルサービスを使い倒す技量が問われています。

地方にはまだまだデジタル化の恩恵を具体的にイメージできていない企業も少なくありません。コロナ対策がこれだけ全国に広がっているわけですから、たとえばリモートのいろんな働き方に対応できるのもデジタル化の得意とすることですし、あらゆる面において、改善すればするほど生産性は上がります。ＤＸの潜在力は地方の会社、地域の中堅・中小企業でこそ大きいんです。

ではなぜデジタル化が進んでいないのかというと、技術に詳しい人材が都市部に集中しているからです。

東京の会社で企業のデジタル化を推進してきた人材を採用し、それだけで圧倒的な業務改善が進んだという経験をしてきた会社もたくさんあります。別にＡＩプログラム言語のパイソンを使いこなせる一流のプログラマーを連れてくる必要なんてありません。世界中の頭のいい専門家が開発したサービスをユーザーとして理解しうまく使いこなす技能を持つ人材であればＯＫです。デジタル化は会社の現代化にもつながるので、都市部から転職を検討する人にとっても魅力的かつ働きやすい職場になります。

地銀のネットワークなしに地方再生はありえない

田原　冨山さんは人材機構で地銀の役割が大切だといった。具体的に地銀はどのような役割を担っているんだろうか。

冨山　地銀は多くの場合、融資先の企業と先代、先々代からつきあっていて、信頼関係を構築して内側に入っていますから、相手方の会社の何が問題かということがよく分かっているケースが多いんです。

もちろん書類を見れば、問題がどこにあるか、私たちもある程度は把握できます。でも、彼らは何十回、何百回と顔を合わせているので、書類上でわかることの何百倍、何千倍という情報を得ている。その気になれば、信頼関係を築けている銀行員はオーナーの話を聞いて、どういう人か、何に困っているのか、ということまで本音レベルで聞き出して、よく分析することが可能です。過去、私たちが地銀と一緒に地域企業の再生や改革に取り組んでうまくいったケースは、こうした分析がうまく活用できた事案です。

企業の中で誰が本当のキーパーソンなのかも知っているだけでなく、地域の事情にも詳しいですから、どのような手続きを行えばプロジェクトが円滑に進むかを教えてくれます。そのため優秀な地銀の銀行員と組めばさっき言ったような人材のミスマッチを格段に減らすことができます。

田原　地銀から上がってくる情報の精度が高いと、冨山さんたちの仕事も楽になるわけだ。

冨山　優秀な銀行員と組めると本当に楽ですね。そうすれば、人材機構の場合でも紹介すべき人材の精査に力を割くことができますから。

人材機構に登録されている人は本当に多種多彩です。技術面の人材なら、例えば大手自動車メーカー、あるいは大手電機メーカーの生産技術畑でやってきた人がいます。

そうしたリストを見ながら「営業を求める」というニーズに対し、営業でも大手パソコンメーカーで成果を上げた人がいたな、いや、こっちも自動車で成果を出している人がいるな、でもオススメは今の会社の商品がピンチになって売り上げを落とした時に回復させたほうかな、といったことを考えていくわけです。

また現場の最前線に戻りたいと考えている人が、世間の想像よりもはるかに多くいます。

二一世紀初頭はこうした人材が韓国や台湾の新興メーカーに技術ごと引き抜かれるケースが多くあったんですが、別にみんながみんな韓国か台湾に行きたかったわけではありません。日本の大企業は制度的にも文化的にも一元的な年功制人事体系ですから、年を取ると管理職として昇進させて給料を上げる仕組みになっています。そこで現場の設計者、生産技術者として大活躍した人材が苦手な中間管理職仕事で輝きを失ってしまい、リストラ予備軍となって行くケースは少なくない。おまけにポスト減少で名ばかりの管理職で閑職に追いやられる人も出てくる。そこを他国の企業に狙われてきたわけです。

そんなところへたまたま自分の故郷の会社からのマッチングがあれば待遇面に差があったとしてもそちらを選ぶ人は一定数いるんです。本当に喜んでUターンするんですね。

田原　地銀は債権者だから、地方で地銀から借りていない企業はほとんどない。むしろ、幹部をほしがっている企業の多くは地銀がメインバンクだから、地銀と組んでしまえば、新しいニーズが生まれるし、地銀にとっても良いことが起きるし、誰も損をしない仕組みになる。

冨山　そうなんです。だから地銀の役割はものすごく大事で、私は大中小様々なタイプの企業再生に長年取り組んできましたが、その経験から言えば、地方の個別の企業再生でカギを握っているのは、地銀ですよ。逆に言えば、地方の再生事業を地銀以外にやれるところはありません。だって行政はそんなことは分からないですから。

田原　それはそうだ。行政は一つひとつの企業に足を運んでチェックなんてできないし、それこそ書類で見ているにすぎない。

冨山　こんな仕事を東京の銀行が出張って地方で行ったとしても、せいぜい支店レベルの案件ばかりで経済的にはまずコストを回収できません。効率が非常に悪い上に、地域のネットワークも当然、地銀に比べたら落ちます。

本当に地域企業を救おう、地域を活性化したいというなら、地域にもともといる人たちのネットワークを使うしかないんです。実は今の話は地銀の能力強化の問題になって行きます。このような高いポテンシャルを持っていますが、現状の地銀もやはり課題を抱えています。一時期に比べ、明らかにお金も人もいなくなっています。古典的な商業銀行のビジネスモデルは、東京でも地方でも曲がり角に来ており、今後、デジタル革命、フィンテック革命の波でますます破壊が進むリスクがある。

だから地銀自身も自らの会社と事業のカタチの大改造、私の言葉で言うとコーポレートトランスフォーメーション（CX）を行うことで、競争力と持続性を確かなものにしていく必要があります。地銀の経営者の皆さんにはCX推進にも目を向けてほしいですね。ここに国や行政の仕事もあると思います。銀行は規制業種ではありますが、規制環境がCXを妨げるようではまずいので。

第四章 「ゾンビ企業」退場のためのシナリオ

——地方経済の新陳代謝をうながすために

「ゾンビ企業」を生み出した日本の経済政策

田原　コロナ禍の中で、様々な企業が倒産し、またその危機に瀕《ひん》している。これから失業もどんどん増えていくと予想されているなか、第二波がいったんは収まった二〇二〇年九月時点で具体的に仕事がなくなったのは、既に三〇〇万人、いや統計で捉《とら》えきれない実態はそれ以上とも言われている。いま倒産しそうな飲食店をはじめ、これを徹底的にすべて救えという意見と、同時に、日本は中小企業が多すぎる、特に補助金で生きながらえている「ゾンビ企業」もいっぱいある、だからこの際にむしろ再編成をしたほうがいいんじゃないかと、こういう意見もある。冨山さんはどちらかといえば後者だと思う。

冨山　それはもう明確に後者です。私は淘汰《とうた》再編したほうがいい、むしろ絶対に淘汰再編しないといけないという立場です。私はよく誤解されるのですが、中小企業を潰《つぶ》せと言っているわけではありません。規模に関係なく、ゾンビ企業は市場からのスムーズな退場をうながすか、もしくは生産性の高い企業の下に再編したほうがいいと言っているんです。その方が何よりそこで働いている勤労者、おそらく雇用全体の三分の二以上を占める人々の賃金も労働条件も良くなります。

日本は確かに先進国ではずば抜けて企業の数が多い。それはたとえば大企業から下請け、孫請け、さらにその下に……という流れができていたからであり、中央にお金があり、人が溢《あふ》れて薄く広く雇用を守るという時代は良かったんです。しかし、現在の中小企業の圧倒的多数はここで議論してきたL型産業に属しています。大手製造業の傘下にいる企業の割合はどんどん下がり、残っているところも最近は元請けの大企業の方から下請け構造からの独立をうながされています。これは自動車産業でさえ例外ではありません。

また、L型産業はあまり規模の経済性は効かない、むしろ密度の経済性が大事で、丁寧に質の高い経営をすることが競争力を規定します。だから漫然と大きくなること自体を目的とする再編も意味はない。私たちのバス事業が良い事例ですが、今は質が高い経営をしている中小企業が集合したホールディングス体制を作ることで、より多くの良質な雇用が生まれ、持続的な発展ができます。中小企業が集まることで優秀な経営人材、卓越した経営モデルを共有するメリットを享受できるんですね。

これは量産効果的な規模の経済性とはまったく別物です。しかし、優秀な経営人材、卓越した経営モデルが中小企業の世界では希少資源なので、ゾンビ企業の状態で延命を続けるより、それを持っている企業へ再編統合を進めたほうがいいんです。

ゾンビ企業というのは、具体的には、返しきれないほどの借金を抱えていて、その借金をどう考えても本業では返せませんという状態になっている会社のことを指します。現状、どんどんそういう会社が増えていますし、コロナショックで増大していくことは目に見えています。そうなると、将来的な雇用も守れないし、事業者の命も守れない。危機は目の前に迫っています。

田原　日本の中小企業は借金経営になってブラック化していく。だから再編しないといけないと。

冨山　そうです。これも誤解されがちですが、L型経済圏で中小企業の淘汰を進めても、それが大企業やネット企業に置き換わるわけではありません。もちろん地元雇用が失われるわけでもない。地域に根付いた優良な中堅企業、中規模企業に事業と雇用が集約化されていくケースがほとんどです。この手の産業は、しっかりと地元商圏を固め、集約化で商圏密度を高め、やるべき改善改良、ＣＸＤＸ（会社の変革とデジタル技術の活用）を行えば、守りには強い。

近年、地域金融機関や公共交通機関について独禁法が緩和され、域内寡占を認める方向で適用除外が行われましたが、あれは全く正しい。人口減少の時代、競争政策はイノベーションをうながすことが大事で、同一業態での域内シェアなんてどうでもいいんです。破壊的イノベーター（既存事業の秩序を破壊し、業界構造を劇的に変化させるイノベーションを起こす人）からすれば寡占者がボーっとそこに胡坐《あぐら》をかいてくれたほうが、むしろチャンスは広がります。L型産業すべてについて、域内シェア問題については適用除外とすべきです。

他方、弱い会社を救うためにいくら融資資金を注入しても、それは返せない借金を背負わせるだけで、長期的に見ればゾンビを増やすだけになります。そして過当競争、安売り競争が続いて生産性、所得水準は下がり、地域経済全体が沈んでいきます。資本性劣後ローン（債務にもかかわらず、自己資本の一部としてみなされるローン）と言ってもローンはローンですから、最後は同じことです。

前回のリーマンショックの時は、ゾンビ企業支援の金融モラトリアム措置を経済回復後もだらだら引っ張ってしまった。これで生産性はさらに停滞し、そこに二〇一二年頃から団塊世代の大量退職が始まったため、日本は一気に猛烈な人手不足に陥ります。第二次安倍政権に入ってから労働力需給が引き締まってもなかなか実質賃金が上がらなかった背景には、非正規雇用の増加の流れのほかに、こうした「温存された低生産性問題」がありま す。これを解消するには中小企業の淘汰再編は不可避で、この点で菅総理が言っている話は正しいと思います。
ただ、現状の日本ではこの淘汰再編がなかなか進まない、むしろゾンビ延命に政策も関係者も傾く事情があります。

「個人保証」という「優越的地位の濫用」契約

田原 事情というのはなんだろうか。

冨山 中小・零細企業では、倒産が時に社長自身の生命を脅かすことにつながるからです。日本の場合、中小企業への融資に、今でも代表者が個人連帯保証を入れていることが多いんです。中小企業、零細企業だと社長に生命保険をかけられて、家屋敷はもちろん、妻、子ども、兄弟姉妹、はては親族まで連帯保証人になっていることがあります。私も過去に自分の会社の借金を社長として連帯保証を入れて、銀行から融資を受けていました。潰れたら家も取られて家族ともども路頭に迷うわけですから、最初はかなりビビりました。そんなに倒産が悪いことなのかな、とも思っていました。だって企業にお金を貸すということは、その会社の事業性を見て貸すわけで、経営者の資産が担保でないと貸せない事業なら貸すべきじゃないでしょう。中小企業は公私混同だから個人に無限責任を負ってもらうのはしょうがないという理屈も、そもそも有限責任法人である株式会社の否定です。公私混同していることを承知で貸すほうもどうかしているとも思いました。優越的地位の濫用とも言えて、とても不公平な感じがします。

産業再生機構で私は逆にその連帯保証債務を徴求する立場になりましたが、私たちは有責経営者個人以外には保証徴求はしない、徴求する場合も生活に困らない範囲で住居を含めた生活財産は残す方針で臨みました。それで国としての回収額は少し減りますが、それで国会からも会計検査院からも文句を言われることはありませんでした。

その後、ほぼ同じ考え方で金融庁の個人保証のガイドラインも出て、個人保証はかなり減っていますが、長年続いた商慣習ですから今でもかなり残っています。二〇一七年の民法大改正時に実質禁止する規定の検討がされましたが、貸し手からは「それでは金を貸せなくなる」、どういうわけか借り手からも「それでは金が借りられなくなる」と反対が出て実現しませんでした。

市場からの退場に追い込まれる企業の大半が借金の過多によるものです。その場合、会社の資産よりも、借金のほうが圧倒的に多くなっているのが現実で、個人連帯保証を入れていると、小零細の経営者の多くが、路頭に迷うか、はては『半沢直樹《はんざわなおき》』で工場を経営していた半沢のお父さんのように首をくくらなくてはいけなくなる。これはおかしいですよね。制度として延命できるような設計にしておいて、いざ本当に首が回らなくなったときのことをまったく考えていないから、こんな人生や命をおろそかにするようなことがまかり通るんです。

また倒産した場合、債権者の債務放棄が必要になって、土地や家も担保でとられてしまうのですが、それだけではなく、保証人になっている一族全員の自己破産が求められる場合もあります。これだってどう考えても酷です。自己破産したところで、誰が得するのかといえば、誰も得をしない。自己破産した人というレッテルがついてまわるのは非常に酷で、もう一度会社を作るのも大変になりますし、再就職にも悪影響が出ます。

ほんと、なんだかシェイクスピアの『ヴェニスの商人』みたいな前近代的な制度なんですよ（『ヴェニスの商人』ではシャイロックがアントーニオに金を貸すときにアントーニオの肉一ポンドを抵当として取る。以来シャイロックは高利貸しの代名詞としても使われる）。これでは、債務超過に陥った中小企業は、ゾンビになろうが、ブラックになろうが、倒産も廃業も選択しなくなります。

アメリカやヨーロッパでいえばドイツなどは日本に比べて積極的に倒産を選びやすい法制度になっています。通常は個人保証は行われないので、行き詰まったら事業を積極的にたたんで、次の挑戦に打って出やすいシステムになっている。高齢ならリタイアするもよし、若ければ再度の起業か、就職するもよし、そこそこの事業規模があるのであれば同業他社と合併するのもよしという選択ができます。傷が浅ければ企業再生のために取れる手段はたくさんあります。

日本は倒産した人を徹底的に追い詰める設計になっている。それならばゾンビ化してでも生き残ってやろうというインセンティブが働きます。

田原 欧米は何で個人保証を取ろうとしないんだろうか。

冨山 いや、そもそも金融機関が事業金融として普通に返せるレベルで貸せばいいだけの話なんですよ。事業内容と経営規模、回収が見込めるかを普通に判断して、普通に貸し出す。欧米の法文化では借り手の側が有限責任法人である以上、個人保証を受け入れる合理性がないので拒否する場合が多く、弁護士もそうしたアドバイスをします。また今回、民法改正で議論されたような様々な制限規制もあるようです。個人保証を取って、事業性と経営規模に見合わない額を貸すというのは、先進国ではむしろアンダーグラウンドな金融がやること、踏み込んでいってしまえば、マフィア的な金融の世界だと思われています。

まともな金融機関だと評価されている金融機関が、零細企業に個人保証を求めながら普通にお金を貸しているのは先進国では日本くらいでしょう。この個人保証が実は日本において中小企業がゾンビ化する大きな要因です。

倒産にメリットがないので企業はゾンビ化してでも生き長らえたい。金融機関も倒産されたくないからずるずると支援をしてしまう。両者の思惑が負の方向で一致してしまった結果、返せない額を抱えることになり、不良債権化が進んでしまう。今どき銀行が地方の中小企業経営者から家屋敷を取り上げても大した資産価値にはならない。下手をすると競売コスト倒れです。その一方で経営者一族の人生も壊れていろんな悲劇が起きてしまいます。結局、誰にもメリットがない。

そして、こうしたゾンビ化には政策の影響もあります。昭和の時代には生産性が低くても雇用がある中小企業、零細企業の存在は必要でした。また、右肩上がりでビジネスモデルの転換もあまり起きない時代は、個人保証を取ってお金を貸しておいても、滅多に焦げ付かない。おかしくなるのは経営者の放蕩《ほうとう》とか一族の内輪もめですから、その防止には個人保証は有効だったんです。

加えて、中小企業は大企業の元請けに搾取される弱い保護すべき政策対象という位置づけですから、ゾンビ化を是とするような補助金がじゃぶじゃぶ使われていました。生産性向上を名目として高度化支援金とか税制優遇とかで設備投資やＩＴ投資をさせますが、経営力がついて来ないと生産性は上がらず借金が増えるだけになります。

ぬるま湯につかってきたゾンビ企業の経営者はひとたび補助金や金融支援の蛇口を閉められると、一気に廃業に追い込まれます。その結果、経営者を含む大量の失業が生まれ、命を絶つ人がどんどん出てくる状況になってしまうかもしれない。地域社会では、中小企業の経営者たちは最も真面目に政治家を支援してくれる人たちです。大企業のサラリーマンはいろいろと口では言いますけど、ポスター張りとか、地域の集会とか、現実の政治運動にはほとんど関わりません。失業が増え、さらにはこうした地域の経営者の心が離れていくこと、これを政治家は恐れているわけです。

会社の救済と個人の救済を分けて考えよ

田原　政治家が恐れているのは、もっと言えば選挙への悪影響だ。安倍政権は、退任直前までコロナ対策はともかく経済がうまくいっていなかった。想像していた以上に落ち込んでいた。

安倍が四月に緊急事態宣言を出すというのも実は閣僚の多くは反対だった。僕は安倍にも菅にも直接聞いているから、これは間違いない。その時の理由は、経済へのダメージが明らかに深刻だというものだった。そして、日本は第一波、夏の第二波については、他国と比べてまだうまく乗り切ったと思う。医療崩壊はなんとか避けて、死者の数も世界からみればぐんと少なかった。だが一一月から第三波が来ていよいよ医療崩壊も叫ばれ、ひどい状況になってきている。ＧｏＴｏキャンペーンも一時停止することになった。

経済と感染症対策の両立はまったなしだが、こんな状況のなかで、冨山さんがいうようにゾンビ企業を退場させよといったら、菅政権は中小企業をいじめた、あれだけ経済を大切にすると言っていたのにやってくれないじゃないかという声が出るかもしれない。おそらく、選挙にも影響する。

冨山 中堅中小企業問題でいうと、会社を救うことと、個人を救うことが区別できていない議論があまりにも多い。メディアだけでなく与野党の政治家のなかにも少なくありません。

まず大前提として、私が大事で、守るべきだとずっと言ってきたのは「財産もなく収入もない人々」と「システムとしての経済」です。その意味で言えば、概《おおむ》ね日本の緊急対策は間違ってはいなくて、低所得者に生活費を給付して、さらに貸付もやるというスキームは全く問題ありません。ローカル経済システムを守るために、緊急融資だけでなく、持続化給付金という形でお金を渡したのも間違っていない。

持続化給付金は収入が激減した零細企業や従業員が少ないサービス業などローカル経済システムを支えてきた人にとっては、かなりありがたい制度になったと思います。

ただ、コロナ禍が長引くなかで、会社を救うためのこうした方策の限界が明らかになりつつあります。規模や条件が緩和された企業向けの緊急融資にしても、雇用調整給付金にしても会社にお金が入っていく仕組みです。これで会社は守られ、会社との一体化度の高い正規雇用の人はかなり守られる。

しかし、今回傷んでいるL型の業種は雇用が流動的な中小企業が多く、非正規雇用も多い。制度的にはそこにも補助金が出ますが、雇い止めなどで切られたら会社にいくらお金が入ってもそういう雇用弱者、すなわち真に守るべきところにお金が回って行かないんです。女性の働き手の打撃が大きく困窮者や自殺者が増えているのはその表れでしょう。そこでは雇用調整助成金よりも個人向けの休業補償や失業給付を大幅に拡充したほうが救える可能性が高い。

産業構造の変化で大企業の正規雇用が否応《いやおう》なしに減少する時代に、この手の政策は会社ではなく、直接、弱い立場の労働者個人やフリーター個人を救う方向に転換すべきだと思います。

さらに問題は緊急時のあとです。私がとにかく問題が大きくなると思っているのは、ゾンビ企業が退場しにくい仕組みを維持することで、システムとしての経済そのものがじわじわと壊れてしまうリスクです。この瞬間にもかなりの融資を抱えた企業が大量に生まれています。これは数年後には借金に変わります。どんな事業でどうやって返済するんですか。一時期は生き延びられますが、これは大きな負担に変わります。

だから、私はここでも個人を救うために、個人保証をしている経営者、あるいはその家族を救うための政策をとるべきだという立場です。会社が仮に債務超過の状態で事業の譲渡や廃業によって退場して、個人保証のついた借金を全部返せなかったとしても、それは社長個人に徴求するなと。その請求を認めた瞬間に、自己破産や「生命保険で返す」というリスクに転化するからです。それで家族の人生が暗転したり、命で借金を返したりするなんて、そんな馬鹿げたことをしてはいけないんです。

これを言うとすぐ「モラルハザード」うんぬんを言う昭和な人間が出てきますが、消費貸借契約はあくまでも対等の市民同士の経済行為です。そこに倫理的な問題を持ち込むべきではなく、貸し手は貸し手で会社と事業の経済的リスクを見誤っただけの話です。経営者にモラルを求めるならば、あくまでも株式会社の有限責任の範囲にとどめるのが、まともな資本主義の「モラル」です。

また大事なのは緊急支援モードからの出口戦略です。緊急時は仕方ないにしても、その緊急をいつまでやるか、日本ではなし崩しに続いてしまうことがあります。

私は商工中金の不正融資問題を受けて設立された、商工中金の在り方検討会のメンバーになったこともあります。商工中金問題では、リーマンショックの対応策として繰り出された緊急融資制度がずるずると延命していて、これを現場スタッフが悪用していたことがありました。

「緊急」が慢性的な対策になってしまうことで、ゾンビ企業を温存させる、つまりより借金を重ねた状態で延命させるということにつながってしまっていたわけです。これが健全な経済なのかどうか。

田原 そうなると、やっぱり中小企業の破産を認めていくしかないわけだ。

冨山 法律上の「破産」という法形式をとると、経営者の人生にダメージが残ります。あの人は破産者だと言われるのは誰だって嫌ですよね。おまけに個人保証を入れていると文字通り「自己破産」をすることになる。これでは地域密着型の企業であるほど、地域社会の中でのダメージは大きく居場所がなくなってしまいます。あと、忘れてはいけないのは、何度も強調しているように、個人保証はそもそも取ってはいけない保証であるということです。緊急融資なんてますますそうです。

令和の大徳政令を発動し過剰債務の罠を回避

田原 でも、現実に借金を重ねてしまっていて、コロナで借金も増えている。これをどうすればいいのか。

冨山　これについては私の答えは明確で、「令和の大徳政令」を勇気をもってやる。

田原　借金棒引きをする、と。

冨山　そうです。たとえば今回のコロナのケースでは、ほとんどが政府保証で貸しつけています。スピード感重視の対策だったので、融資の保証を政府がやっているということで、最後は政府にツケが回るような仕組みになっています。政府のお金なので、新型コロナ関連で、政府系金融機関が貸しているか、民間の金融機関が政府保証付きで貸したもののような政府が絡んだ借金は、返せないところはもう返さなくていい、その代わり、退場するか再編に協力するかを選んでほしいと迫ることができます。

もし退場か再編に協力するなら、他の借金も面倒みましょうというインセンティブもつけられます。さらに個人保証がついていても原則として徴求しない。だって経営がおかしくなった主因は感染症というある種の自然災害ですから。これだと家や家族を失う、命の危険にまで追い込むことなくゾンビ企業になる前に、その会社の事業を再編していくことができます。

こうした手続きを裁判所の法的整理ではなく、当事者同士の話し合い、すなわち私的整理で静かにスムーズに行っていくことが大事です。大債権者としての政府が主導して、民間の金融機関も巻き込んでこうしたプラクティス（実例）を確立する。そして、もめたら多数決で決められるような話し合いのルールを含めて法制度化していくべきでしょう。欧米ではかなり一般化している仕組みなんですよ。日本では学者の一部が「憲法違反だ」なんだと反対して法的には未整備ですが。

田原　政府のお金ということは、国民のお金だ。国民は納得するかな。

冨山　でも、出してしまったのは政府であり、あの時に緊急対策が必要ないと思っていた国民はほとんどいないでしょう。ここで、返済してください、もし返済にあたって運転資金がショートしそうになったらまた追い貸しするというサイクルでやっていったら、中途半端な延命策が続くことになり、会社はますますゾンビ化し財政支出のさらなる増加は必至です。巻き込まれる民間金融機関のバランスシートも傷んでいくでしょう。

三十年前のバブル崩壊後にも都市部の大企業を中心に過大な借金を返せなくなるケースが多発しました。過剰債務に陥ると企業は前向きの投資ができなくなって競争力を失いさらに弁済能力を失います。稼ぎは全部元利弁済に回るので従業員のボーナスは増えず、モチベーションも下がってさらに競争力を失う。銀行からみると貸し出し債権はますます不良化し、バランスシートが毀損して新しい貸し出しができなくなり、「貸しはがし」に走らざるを得なくなる。この悪循環で日本経済は「失われた十年」と呼ばれる長い停滞期に入ります。これを「過剰債務の罠《わな》」と言うのですが、結局、二〇〇〇年代に入り、小泉政権で不良債権の早期処理路線に転換し、使うべき国費は一気に投入してこの罠から脱却しました。結局、全額プラス利益も出して回収しましたが、金融庁が貸し手向けに六〇兆円、私たち産業再生機構が借り手向けに一〇兆円もの巨額資金を用意したわけです。

コロナ禍においても、全国の中堅・中小企業で膨大な数の過剰債務問題が生じる可能性が出ています。とにかく早めに「令和の大徳政令」で再生再編モードに転換したほうが、国も民間金融機関もダメージが少ないというのがバブル崩壊後の時代に陥った「過剰債務の罠」の教訓です。

私はハードランディングで地域のゾンビ企業を退場させろと言っているのではなく、あくまでソフトランディングでやるべきだという立場です。乱暴にやれば、地域は壊れてしまいます。

コロナ禍は本当にピンチですが、ここは再編に向けた最大のチャンスでもあります。徳政令を先行投資と割り切って、ここはむしろ国が大債権者になるわけですから、その債権者としての立場をいい意味で使って、減免させるべきものは減免させる。ただ減免させるだけだとゾンビ延命になってしまうので、要はそういった会社を事業統合できるように債権者としてインセンティブをつけてうながすということです。

田原　退場した企業の社長はどうしたらいいんだろうか。

冨山　ここまでプランを用意したら、たとえば再編した新企業で一管理職としてやっていくという選択をする社長だって出てくると思いますよ。事業を売却して、その売却益でしばらく食いつなぐという選択もあるでしょう。退場というのは、あくまで今の会社をたたむということであって、個人は個人として再出発すればいいし、それを応援できるような制度設計になっていることが大事なんです。

いままでは会社を失えば、家も命も失うリスクがありました。ですが、もうそんなリスクを経営者に押し付けることはやめましょうというだけの話です。本当に困った個人は、セーフティネットを張って、そのスキームで救っていけばいいんです。

これ、日本ではすごいことに感じるかもしれませんが、困窮した会社のスムーズな借金減免は欧米では社会的に定着した仕組みです。トランプ前大統領もこれまで何度もこうした制度を使ってさっさと再起して、合衆国大統領まで登り詰めています。失敗のコストを下げ、その経験を糧に次のチャレンジにスムーズに移行できるような仕組みは、現代のようなイノベーションと環境変化の時代に経済社会が活力を持つためには決定的に重要なんです。この三十年間の日本の停滞は、文化的にも制度的にもこの真逆の仕組みを引っ張ったことも原因しています。今回はこれを大きく変えるチャンスです。

もう息子、娘に「継がせる」時代ではない

冨山　いままでは廃業が増えてくることはけしからんといって、なんとかして継がせようみたいな施策をやっているわけですよね。それこそ息子や娘に継がせようという話をまるで美談のように流してきたわけです。

田原　家業だと言ってきた。家業を守ることは大事で、二代目、三代目が必要だという意識で中小企業が存在していた。これに反対すると。

冨山　はい。本人たちがやりたいというなら話は別ですが、やりたくもないことをやる必要は全くないですよ。息子、娘が継がないというのは、ある意味でナチュラルな選択として受け止めて、それはもう廃業するか、事業を譲渡して誰かもっとやる気と能力のある人

や企業に経営してもらうという話になっていきます。

実際、そういう事案は増えてきており、みちのりグループでも事業承継型でバス会社を買収したケースもあります。当然、その一族にも従業員にも何も問題ありません。

私のスタンフォードビジネススクールの後輩である嶋津紀子《しまづのりこ》さんが「サーチファンド」と呼ばれる、家業型のスモールビジネスをプロフェッショナルな経営人材が買収して経営を承継するという、米国では長い歴史を持っているビジネスモデルを山口フィナンシャルグループと組んで展開しています。既に実績を上げつつあるようで、「何が何でも一族で承継」とは違う事業承継の選択肢は、今後どんどん増えていくと思います。

下の世代は、現実的な考えになっていますし、自分の親も含めて周囲をよく見ているので、一族内での事業承継は難しいとなりますよ。現状で子どもが継ぎますと言えば、彼らも個人保証とか入れるという話になりますよね。息子に「お前は生命保険に入ることが担保になる」とか言わなきゃいけないわけです。

そうした負荷を世代的に継承するのがいいのかどうか。今なら事業や土地、建物を売却すれば、お金になるから、そこで財産を残して、子どもたちには従来通り地元でも東京でも働いてもらったほうがいいのではないか、と考えると思います。

今回は良いタイミングで、徳政令を出せばもっと考える材料が増えると思うんです。少し歴史を振り返ると今の中堅中小企業というのは、多くが戦争直後から高度成長期にかけて創業しているんですよ。それはなぜかといえば、独立して一国一城の主《あるじ》になるのが、一つの成功だったし、それによっていくらでも仕事があったからです。ちょうど高度経済成長期に当時二〇代や三〇代の人が創業しているとしたら、今はもう八〇代に差し掛かっている。仮に二代目に継いでいるとしても、三代目はどうなるかわからないという時期でしょう。

創業者の意向が反映できる最後の時代とも言えて、ここで、決断できるかどうかが一つのポイントになります。創業したお父さんがたたむと言えば、周囲も納得しやすいですから。

地方における最低賃金引き上げは必須

田原　それからね、もう一つ大きな問題は、日本の労働組合は企業別労働組合だ。だから、連合も含めて労働組合の一番の目的は企業を潰さないことになっている。

冨山　基本的に彼らは大企業しかカバーしてないので、中堅、中小企業の賃金や雇用の正規雇用化に関して、これまで真剣に関心を持ってこなかったと思います。自分たちの企業が潰れないことが大事で、産業別ではないから同業他社の労働者に対して何かをしようという方向には向かいにくいですね。

　ヨーロッパは完全に産業別の組合ですから、同じ業種だったら大企業に勤めていようが中小企業に勤めていようが労働組合を通じて、つながっていて、横のつながりがあることで失業しても他の会社にスムーズに移っていこうという仕組みになっています。

　当然賃金を上げろという交渉をするし、待遇改善ということをやるわけで、日本の場合は単なる大企業クラブとしての労働組合が多いですね。さらにいえば組織率もいますごく下がっています。

田原　二〇一九年が一六・七％（厚労省）となっているが、連合の会長に言わせればもっと下がってもおかしくないということだった。

冨山　だから、まさに大企業の正規雇用者組合ですよね。大企業の正規雇用で勤めている人は全勤労者の二割程度です。残りの八割は圧倒的に数のある中小企業で働いているか、非正規ということになります。ここの所得水準を上げないと、やっぱり本当の経済成長にはつながらない。

だから労働組合にもいい意味で変わってほしいと思います。上部団体の連合、さらには産業別のUAゼンセン、JAM、航空連合の皆さんなどと、カネボウやダイエー、JALなど数多くの企業再生で随分と一緒に仕事をしましたが、本当に会社が危なくなり、会社か、雇用か、となると後者を優先する立場である組合の皆さんとのほうが、最終目的は一致する場合が多いんです。経営者は会社がなくなると地位を失うので、会社という入れ物の存続にどうしてもこだわってしまう。雇用は突き詰めると事業にくっついているので、事業が譲渡されて生き残れば守れるんですね。

日本の組合運動が「カイシャの呪縛《じゅばく》」から離れ、中堅中小企業の世界、L型産業の世界で生きている、流動性が高く多様な働き方、生き方の人々を真剣勝負で包摂していければ、組織率は上がると思いますよ。

田原　菅さんのブレーンとも言われているアトキンソンは、日本を良くするためには、最低賃金を上げろと言っている。

冨山　そうです。私もずっと前から上げろと言っています。地方でも一〇〇〇円まで引き上げろと。最低賃金を上げない限り、日本経済はよくなりません。

田原　最低賃金を払えない中小企業がたくさん出てくるから反対するという人もいる。

冨山　繰り返しになりますが、だから企業レベルでの淘汰再編が必要なんです。**従業員に最低賃金も払えない企業をいくら延命させてもしょうがないんです。**最低賃金を払えるようになる企業体質に変わってください、それが無理なら廃業するか、どこかに会社を買ってもらって再編が必要ですよねという話になります。

今は現実に少子高齢化が進んだ結果として、労働力不足という構造になっているわけです。もちろんコロナ禍のこの瞬間はね、失業問題はかなり深刻ですが、いずれこの問題は終わります。コロナパンデミックが終わったら、絶対にまた人手不足がやってきます。この善し悪しは別として、国境を超えた労働力移動は感染症問題という意味でも、移民先進国で多発している政治問題という意味でも、以前ほどの勢いでは増えなくなる可能性も高い。ポストコロナ期の人手不足はますます深刻になるんです。そこでまた低賃金でやるのかという話になるんです。

田原　なるほど。要は一つの企業では払えないかもしれないけど、冨山さんのバス会社みたいに力のある企業を再編統合してもらえば、今より高い賃金を払えるだろうと。

新中産階級が日本再生を支える

田原　自民党内からも日本は貧困層が増えたのではなく、中間層の所得が落ち込んでしまい貧困層のゾーンに入ってきたという言い方が出ている。

冨山　私は「新中産階級」を作ることが大事だと思っています。これは中小企業再編とも関わってくるのですが、「地方だから中小企業だから低賃金でもしょうがない」というのはダメで、むしろL型産業で働く人々、中小企業で働く人々こそが新しい中産階級として、適正な収入を得ていく社会になることが大事だという立場です。

まず、現状を見ていきますと、新しい中産階級型の社会モデルを目指すうえで、日本には政治的な幸運がいくつかあります。

たとえば、世界各国が取り組んだデジタル革命に、日本が乗り遅れたことで、結果として他の国ほど格差が広がらなかったことです。だから政治的には先進国の中では圧倒的に安定した状況です。新しい社会モデルを目指すためには都合がいい。

その間にＧＡＦＡモデルの成功を追いかけて仮に成功しても、国内には中産階級雇用が生まれず、社会の分断が深まることも、グローバル化とデジタル革命の勝ち組の教訓から分かっています。そもそも世界最先端を走るGAFAから二周、三周遅れていってしまったと。ここまで差がついたら、追いつけ、追い越せはまず無理です。むしろ彼らの教訓を活《い》かして国づくりをしたほうがいい。

また、構造的な人手不足の状況では、L型産業で働く人々を中産階級と言えるような高賃金、安定雇用に押し上げる政策を取っても、たとえば失業増加という副作用はまず起きません。G型産業のように貿易財を扱っているわけではない、価値の生産と消費は同じ場所、同じ地域で行われるL型産業では、高賃金政策を取っても空洞化の心配はありません。あえて言えば困るのは経営者ですが、それは前に述べたような方策で十分に救えます。

もちろんGAFAモデルで成功する若者が出ることは結構なことで、それはそれでどんどん応援すればいい。私も二十年以上にわたり、東大を中心に大学発ベンチャーの創出活動にかかわっており、創薬系のペプチドリームをはじめ、世界的に有名なメガベンチャーも生まれつつあります。小資源国の日本としては、GNI（国民総所得）を稼ぐことも大事なのでそっちで頑張ってもらうことも必要ではあります。

日本のベンチャームーブメントも、ようやく能力的にも技術的にも世界クラスの人材が担い手になってきたので、一部のエリート、イメージで言えば東大の有名研究室でＡＩを研究しているとか、そういうインテリたちがベンチャーを立ち上げた時に、彼らが成功してお金持ちになるということが今後は増えると思います。ですが、すごく勉強ができて、すごく頭が良くて、すごく能力が高い人たちが仮に成功しても、そういう会社は、そうした高い能力がない人以外を必要としない会社になってしまう。それがＧＡＦＡ型のビジネスモデルです。中国のテンセントやアリババのようなデジタルプラットフォーマーも同様です。

ＧＡＦＡは確かにすごい企業ですし、経営者、従業員ともに全人類の英知が結集していきます。でも時価総額的にはこんなに大きな割合を占めているけど、大多数の人々にとっては、自分たちは望んでもそんな企業に入れないし、実際に日々の生活と関係ないだろうということで、得られる収入も意欲も格差が生じてしまう。一部のエリートだけが極端な金持ちになっても、中産階級が剝落《はくらく》した先進国経済は成長力を失うことも既にはっきりしています。

こうした世界を日本が今さら目指すべきなのかといえば、私はそうではないと思います。日本はデジタル革命において二、三周遅れになっているんだから、今さらサイバー空間においてGAFAのようなモデルを追いかけることに国運をかけるのではなく、デジタルテクノロジーをどうやったらより多くの平均的な人々の平均所得を上げるため、労働生産性を上げるために使えるか、というところにエネルギーをシフトすべきです。まさに「二一世紀のフォーディズム」です。

AIベンチャーもそれに貢献できるようなビジネスモデルを追求してもらいたい。デジタル革命に対する世界のニーズもこうした社会課題の解決に向かっているので、このアプローチのほうが、大企業であれ、ベンチャーであれ、結果的にG型経済圏で大きな成功を収める企業が出てくる可能性は高いと思います。

田原　中産階級の没落というのは、今や世界的な課題だ。二〇世紀の中産階級というのは、フォーディズムの時代にできて、日本でも真似した大規模製造業と正社員が典型で、高度経済成長期に出来上がったようなモデルだ。これがグローバル化で、没落していっている。

冨山　まさにそういうことです。世界の工場モデルですが、これはもう日本では絶対に通用しない。一方で、アップルやグーグルみたいな企業の真似をしても、日本ではもう中間階級のためになりません。

これは世界中であらゆるところで起きてしまっていることで、いくらこの手の企業が出てきても、先進国の国内における分厚い中間層の再生にはつながらない。

　周回遅れの日本だからこそ、ポストコロナ時代に向けて、二一世紀モデルの分厚い中産階級社会を目指すべきだし、それは持続的な経済再生への王道です。

したたかにGAFAのサービスを安く使い倒せ

田原　デジタル革命の担い手になるような企業がいくらできても新中産階級は生まれない。じゃあどうするのか。
冨山　デジタル革命は、製造業的なモデルで世界中に中産階級を生み出す性格を持っていませんが、あらゆる産業領域において生産性を高めるうえで不可欠なツールです。そうであれば、中堅、中小企業が担ってきたサービス産業であったりとか、あるいは労働集約的な産業群であったり、あるいは農林水産業の生産性をデジタル技術を活用して上げるというところに持っていくしかないんです。
　特にＡＩフェーズ、ＩｏＴ（もののインターネット）フェーズのデジタル革命の適用分野は、リアルなサービス系が多くなります。流行言葉のＭａａＳ（モビリティ・アズ・

ア・サービス）にしてもＳａａＳ（ソフトウェア・アズ・ア・サービス）にしても価値を実際に生むのはサービスの部分です。ロボティクスにしてもロボットがやるのはサービス行為です。アルファベットやカタカナにすると格好よく見えますが、実際は大昔から存在していたリアルな作業をデジタル技術で効率化しましょうという話ばかりです。ここにこそ、生産性向上と中産階級創出のカギがあります。

頭が大量生産大量販売、加工貿易立国から離れない人は、デジタル革命時代なんだから是が非でも最新のＡＩでロボットをたくさん作って輸出しないと日本は豊かにならないと思い込んでいますが、これは全くの間違いです。こんなエネルギーコストが高い国で大量生産ものにこだわったら、みんなで思い切り安い賃金で歯を食いしばるか、赤字になるような安値で輸出して国富を流出させるかとなり、国民は貧しくなるばかりです。とにかく付加価値が取れるモノやサービスを生み出して、それをしっかり賃金にも反映して、顧客が国内であろうと国外であろうとしっかり利益が出る価格で売ることが大事です。

農業の問題もつまるところ稼げないということにあります。だから農協も準組合員が多くなってしまっていて、農業をやっている人よりは、なんちゃって組合員がかなりの部分を占めているのが現実です。私の家も親父の代までは和歌山の兼業農家でしたが、不在兼業農家といったほうが正しかった。むしろ超がつく「なんちゃって兼業農家」で、田んぼは近くの人に作ってもらっていて、そのうちにどんどん衰退するんです。

そうすると、最後は農業をやる人がいなくなってしまう。林業従事者の現状は本当に危機的状況です。

でも今、色々な意味でチャンスが来ていると思っています。もう反対する人もいないし、手を上げてやる人がいなくなっているのだから、ここで一気に聖域なき改革、イノベーションを進め、稼げる産業として盛り返すことだってできる。

田原　石破が農林水産大臣のとき（二〇〇八年から〇九年）、農業改革、農協改革を頑張ってやろうとしたら、官僚も農協からも抵抗されてしまって、完全に孤立してしまった。

冨山　それは、今までの仕組みの中でお金を配分する仕組みを変えないといけないからです。嫌がる人はとことん嫌がります。

ただ、石破さんが大臣だった頃より状況は確実に悪化していますし、もう十年経っていますから。かつて総合規制改革会議の議長だった宮内義彦《みやうちよしひこ》さんの言葉を借りると「遅々として進む」というペースではありますが、改革機運は盛り上がりつつあると思います。今や食や自然はかつての「メイド・イン・ジャパン」の工業製品に取って代わる「ニッポンの売り」になりつつありますし。

これは農林水産業に限った話ではなく、あらゆる分野で事業自体の収益力を上げていかないと、産業全体がもうもたないんですね。いろいろと綺麗《きれい》ごとを言ってみても稼ぎの少ない産業、給料が満足にもらえない産業に若い人はいかない。後継者不足となって「そして誰もいなくなった」で反対する人もいなくなる。最近は農業や水産業でも上手に稼げるビジネスモデルで成功しているところもあって、そういうところには若者も集まっています。もちろん彼らは従来型の補助と制約が一体になった不自由なシステムからは独立志向が強い。

これまでのL型産業は、業界全体で補助金や助成金などの所得再分配で食べてきた部分と、それから金融政策的にも保証協会の仕組みなどを活用して過剰な融資で守ってきた部分があります。

このやり方は、戦後のある時期までは仕方ない側面もあったと思いますが、今は生産性を上げるモチベーションを奪ってしまうほうに作用してきて、新しい分野への挑戦や業界のイノベーションの妨げになります。

田原　デジタル革命で生産性、収益性を高める具体的なアイデアを聞きたい。

冨山 これはシンプルな話で、まずはGAFAに乗っかりましょうよ、というのが一つです。たとえばアマゾンはいま何で儲《もう》けているかというと、AWS(アマゾンウェブサービス)という事業をやっていて、これはサーバーのいろいろな機能を提供するクラウドサービスなんです。ユーザーはこれまでみたいにバカ高いサーバーをレンタルしなくても、アマゾンを使えば、簡単に社内のITインフラを整備できてウェブサイトも作れます、という事業です。こうしたサービスには情報を独占しているという議論もあるのですが、簡単にしかも安くいろいろな、そして最先端のIT機能、デジタル技術を使えるようになったことは間違いありません。

マイクロソフトのメイン事業も完全にクラウド上のITサービス業務にシフトしています。グーグルにしても格安のサービスがいくつかあります。身近な例で言えば、会計ソフトサービスのfreeeなんかもクラウドベースで会計業務を非常に効率的かつ安価に行えるようになっています。私も個人的に愛用しています。

みちのりグループで活用しているバスロケ(バスの位置情報がわかるシステム)やダイナミックルーティング(AIがルートとダイヤを自動的に作成するシステム)にしても、世界中の天才、秀才が日々新しい技術を開発したものです。こうした最先端技術が東北の田舎の会社でもクラウドベースでとても安く利用できる時代なんです。あらゆるL型産業で同じ状況になりつつあります。

こうしたサービスを導入するだけで改善する地方の中小企業はごまんとあります。会社自体がトップITエンジニアやAIプログラマーを持つ必要なんてまったくない。サイバー空間に無数に存在するサーバーのどこかにデータは管理され、しかも世界最強のIT技術を持った会社が管理しているのでセキュリティも自社内でデータを管理するより安全です。

今やこうしたデジタル巨人群の会社が提供するプラットフォームサービスは、一種の公共財みたいなもので、とにかく安く使い倒すのが勝ちです。くどいようですが彼らの覇権に挑戦し、万が一勝てても、分厚い中産階級を持つ豊かで安定した社会は生まれないんですから。

むしろ政策的には、競争政策をうまく使って、こうした覇権企業が優越的な地位を濫用して不当に高い料金を取ったり、そこで得た情報を不当に使ったり、新たなイノベーターがさらに便利で安価なデジタルサービスで参入してくるのを妨害したり、そういう不当行為を行わないように牽制《けんせい》することのほうが、日本経済の復興と再成長にとっては重要です。

私たちが経営再生のプロだといっても、たとえばトヨタや日立のようなトップレベルのグローバル企業の生産性を一気に五割上げられるかといえば、それは相当難しいですし、おそらく不可能に近い。でも、地方の中堅・中小企業では、可能な場合が多いです。良くも悪くもいろいろな問題が手つかずで、「分ける化」「見える化」もされておらず、デジタル技術も活用されていないため、改善の余地が多分に残されているからです。

IGPIグループでは、バス事業以外にも、飲食、宿泊、食品、小売、建設、病院、自動車部品、地域金融など、いろいろな業種の地方中堅・中小企業の再生や経営改善に関わってきましたが、地道な改善改良努力を行い、そこにデジタル技術をちゃんと導入すれば、ほぼ確実に生産性、収益性は上がります。まだ導入できていない領域がこれだけ残っているのは、私たちからすれば伸び代があるということです。

日本がもしそれをちゃんとすることができれば、従来型の所得再分配にあまり依存しないで、新しい中産階級を作るモデルを世界に提示できるんです。

田原　なるほど。新たな日本再生のモデルはこれだと世界に提示する。世界中のどこも模索しているわけだから。

エッセンシャルワーカーを新中産階級のモデルに

冨山　大事なのは中産階級の定義をどう考えるかです。大企業に入って、課長、部長、いつかは社長という空間で生きている人を中産階級と定義するのか。市井のなかで一隅を照らしながら、真面目にコツコツと乗客を安全に運ぶ技能、看護師や介護士として高齢化社会を支える技能、あるいは生産現場の技能をずっと磨き続けて六〇過ぎまで働き、定年を迎えるという生き方を中産階級とするのか。今の日本はなぜか、前者しか中産階級としてとらえない社会になっていて、そういう終身年功型サラリーマンを目指すべきだという社会圧力があります。でも、それはおかしいだろうと。後者の人たちがいるから社会が回っているんですから。

まさにコロナ禍でその役割の重要性が再認識されている「エッセンシャルワーカー」と呼ばれる人たちです。現状ではたとえば介護職も保育士も低賃金が問題になりますが、こうした人たちが普通に暮らせる賃金、望めば結婚もできて子供二人くらいを無理なく大学まで行かせられるような世帯所得が得られて、社会的にリスペクトを受ける社会にしていかなくてはいけないんです。欧州のドイツやスイスと同様、もともとこの国は伝統的に職人、技能者を尊重する社会だったんですから、そこに戻るべきです。

田原　何をもっていい人生だと思うか、大きくは生きがいをどうとらえるかということにかかっている。つまり、社長になるための競争が生きがいか、あるいは現場で目の前の人のためにがんばるのが生きがいかというね。

冨山　そうです。私自身も勉強させられたのは、東日本大震災のときです。福島第一原発事故が起きてすぐ、対策本部の要請を受け、みちのりグループからバス百台が出動して、原発事故避難者の緊急輸送の主力を担いました。岩手県の沿岸部では私たちのバスやホテルが被災者の一時避難所や低体温症被災者の収容設備となりました。あの局面で、本当に住民を救えるのはバスの運転手です。東大に行っていても、スタンフォードでＭＢＡ取っても現場ではなんの役にも立たない、ただの足手まといでしかありません。当時の私ができたことは、この緊急業務とやはり自家用車が使えない状況でのライフラインである路線運行を継続するための燃料の確保を、人脈を辿《たど》って電話をかけまくり、インターネットも駆使して行うことだけでした。

十年前を思い出してほしいのですが、食料も水もガソリンも不足していて、加えて、目に見えない放射線についても情報が不足して現場は混乱に陥っている。その中で、運転手たちは一時避難所まで住民を乗っけて、何度も行き来する。誰も経験したことがない事業をやることになるわけです。原発二〇キロ圏が避難区域に指定され、避難を余儀なくされた人たち、しかも自力で避難できない、高齢者や病人、小さなお子さんを抱えたお母さんなど、交通弱者の皆さんを原発の近くまで迎えに行き、バスに乗せて安全に帰ってくる。

社会を本当に支えていて、ほんとに誰かのために役に立っている仕事をしているのは誰ですか、と私は現場から考えさせられました。あれだけの危機で、もしかしたら自身も危険な状態なのかもしれないのに、運転手たちは文句ひとつ言わずにちゃんと支援に走ってくれる。利用してくださったお客様からも、彼らはものすごく感謝してもらっていました。

先ほど生きがいをとらえなおすという話が出ました。まさにそうした仕事に個人が生きがいを見出《みいだ》すだけでなく、社会がよりリスペクトを払っていくことが大事です。コロナ禍の今で言えば宅配事業なんかもそうだと思いますが、彼らこそが本当に社会のインフラ、ライフラインを支えていることを実感した人も多いでしょう。こうした仕事をしている人たちに対する尊敬と適切な評価の問題を再定義していく必要があります。

だから私たちは彼らの生産性を上げられる仕組みを作って、賃金を少しずつだけど持続的に上げることを大切にしているんです。こういう人たちが低賃金ではなく、しっかりとした額を受け取れて安定した生活ができること。これが新中産階級の定義になると思っているんです。

田原　もう、ここで今までの常識を捨てなきゃいけないのは、むしろ僕たちだ。かつてのように大企業が大量の中産階級を終身雇用で持っている、その人たちが消費を牽引するというモデルを捨てる。いままで十分な待遇でなかったかもしれないL型産業に従事する人たちにこれからは大きく稼いでもらい、消費してもらって、経済を回していく。

冨山　はい、いずれはL型産業がすべて自立し、常態的に産業構造として再分配に頼るような状況から脱却させていく。もちろん追い込まれている個人を救うことは大切です。それは国として最も大事なことなので、むしろ政府はここにだけ集中すべきなんです。

L型事業では寡占が経済メリットになる

田原　冨山さんの考えはよくわかった。そこでもう一つ聞きたい。冨山さんは事業再編が大事だといった。そのためには中小、零細企業がたくさんあるのはダメで、ある程度、地域の企業再編が必要だという。でも規模が大きくなると独占という問題が起きる。一つの会社だけが全部取り仕切って、健全な競争が働かなくなるという問題が起きないだろうか。

冨山　そうですね、一社独占には確かにそのようなリスクもありますし、日本の地方には談合の問題があります。なので、イメージでいうと特定の地域で一から五社程度の力のある会社に収斂《しゅうれん》するというイメージ。緩やかな寡占モデルですね。業種にもよりますが、ある程度広域で統合していくことで持続可能性は高まります。バスならバスで、各地域で○○会社が存在する、という形ではなく、広域的に合併して、たぶん東北で数社にしないと将来的には難しいと思います。

そして、競争政策的には前にもふれたように、公正取引委員会は域内シェアよりもイノベーション競争の促進に注力する。公共交通にしても医療・介護にしても、新しい技術と新しいビジネスモデルで競争することを寡占的な企業が妨害することを排除することのほうが、地域住民の利益になります。域内シェアの拡大を問題にして過当競争を煽《あお》り、収益悪化で路線撤退が頻発して困るのは地域住民ですから。

田原　なるほど、それならイメージが湧く。それだったら、ちゃんと移行していくことは可能だ。

冨山　経済合理的に物を考え行動すれば、本来そうなるはずなんですよ。広域的な事業統合を妨げているのは、各企業が抱える借金の問題と、あえて悪意のある言い方をしますが、一つの会社に一族郎党が群がって食いつないでいるという状態があるからです。それが広域的な企業になれば、まともな会社にならざるを得ません。そうすると、たとえば地域で何十年と続く親族経営の「田原商店」が経営難に陥ったとします。田原商店でやったとしても、うちの傘下に入っちゃうと、田原家の中で優秀な人はきちんと処遇しますが、そうではない人たちはすいません、以前ほどは給料出せません、もしくは転職してもらいます、辞めてもらいますという話になります。それは困る、絶対に嫌だというのは企業再生を手掛けているなかでも実によくあるんです。

地域の企業再生ではいくつかポイントがありますが、生産性を上げるための条件でいうと、まず経営者が有能であることは最低条件です。つまり、経営の能力のある人を経営者にしないといけない。これは都市部から引っ張ってきてもいいです。有能な経営者は知恵を持っていますから、人と知恵はセットになります。

次にそれなりの財政力がないとダメです。現状の経営基盤というよりも、前提として事業にそれなりの市場と収益力がないと持ちません。L型産業で収益力を規定するのは、その地域における密度です。地域内のシェアが高いということがすごく大事になってきます。最低限の規模があって初めて効率化できる部分もあるので、地域内である程度の寡占状態を作るということは、むしろ積極的に肯定されます。

田原 なるほど。グループ企業みたいなのが一個あると想定すればいい。

冨山 そうです、だから、寡占というのは二つの軸があって、一つは議論してきたようなL型産業の軸です。これは事業ごと、あるいは地域ごとに地域コンツェルン的な事業体が出来上がってきます。現にいくつかの地域では、すでに大手グループが交通も手がければ、スーパーも手がけるなんてことになっていますよね。あれが全国各地にできますし、現状、手がけている企業はさらに大きな規模で地域経済を担っていくことになるし、たとえば交通・小売だけでなく介護までやるということになるかもしれません。

次に金融機関でも同じ課題があって、地域金融機関もその地域の中でどのくらいのシェアを持っているかという密度の経済性が大事になります。地方創生において地銀の役割が大事だという話をしてきましたが、ここでも力のある金融機関、CXを進める能力のある金融機関に事業を集約して寡占化を進めていったほうがいいでしょう。

ただ、都市部だとデジタル革命の余波でフィンテックの議論が盛んですが、それは一部、地方の金融機関にもあてはまるものの、地域社会にとってのインフラサービス的にはまだまだ拠点が必要です。リアル店舗は絶対に必要で、たとえば高齢者はなんだかんだで店頭に年金をもらいにくる方がまだまだいます。過疎が進んだ地方だと、定期的に預金を下ろしにきていることが事実上の見回りになっていたりもします。あそこのおじいちゃん、おばあちゃんは今日も元気だな、と確認するきっかけになるんですね。地銀のＣＸＤＸはその役割の重要性と持続性の観点から重要な一方で、不採算でもリアルな店舗があることは大事だと思っています。

田原　それは、郵便局の役割だと思う。郵便局は民営化はしたが、公共的なサービスを担っている。むしろその部分がこれからが最も大事なんじゃないか。

冨山　私もそう思います。結局そういった機能を最後は誰がやるんですか、という問いが出てきますよね。こうした部分では、本来の競争相手同士が地域のために手を取り合うということが必要だと思います。たとえばですが、郵便局もゆうちょ、かんぽと郵便の窓口だけでなく、他店の銀行の窓口業務も受託する。それから、場合によっては電力とかインフラ産業の窓口もやるという形で、地域に一つ、そこに行けば全部ができますという事業体があると、効率的ですよね。逆に地銀の支店が他行の業務も含めてそういった業務を請け負ってもいい。個々の会社が別々に支店を出しても赤字を増やすだけであれば、集約は誰にとってもメリットが大きい選択になります。

こうして業種の壁、企業の壁を越えて事業を統合していくことができれば、過疎地域である程度の社員を抱えていても持続可能な経営が現実的になります。収斂させていくことのメリットは、過疎地域にもあるんです。

「三方良し」が持続可能な経済に不可欠

田原　僕はね、近江《おうみ》商人の末裔《まつえい》で、近江商人の商売哲学を表す言葉として「三方良し」というものがある。僕は幼少期に祖母に言われたときにはまったくわからなかったけど、今はとても大事になった言葉だと思う。商売をしようと思う人たちは売り手によし、買い手によし、そして世間によしとこの三つが大事だと。つまり、お客さんに信頼されることが大事で、そして社会からも信頼されることが大事。そして、それがあるから商売がうまくいくと聞かされてきた。
だから僕は海外の経営者がものすごい給料をもらっているのがどうしても納得できない。

なんでそんな収入を多くするんだと。そんなに収入多くなって格差が大きくなったら、社会はうまくいかないじゃないかと。格差が広がり過ぎれば、社会はうまくいかない。

冨山　私は優秀な経営者が必要だと散々語ってきましたが、まさに持続可能な経営ができるかどうかが優秀の定義なんです。儲けるといっても、地域の事業で世界の大企業ほどは儲かりませんし、大きなお金を動かしたいなら外資系の投資銀行にでも入ればいい。

でも、L型産業で事業規模を大きくして、自分が儲けたいというのを第一目標にはできません。たとえば路線バス事業で、選択と集中をして利益率の高い路線だけを残し、古いバスの更新投資を止めることで、経営層の給料を大幅に増やす、あるいは資本家として大きな配当を受け取ることは、できなくはないです。でも、そんなことをやったらお客様は、既存の事業所は、そこにある経済圏はどうなりますか。それでいいのか、いったい何のためにビジネスをやっているんだということになります。

社会インフラ的な事業は続けることに価値があります。稼ぎを全て懐に入れてしまったら、まったく持続しません。でも、現実は企業再生と言いつつ、そういうことをするファンドがないとは言えないですね。

ただ、最近の日本の経営者には「三方良し」を自分たちが稼げないことの言い訳に使う

人間がいるのも要注意です。株主のためではなく、世のため人のためにやっているんだから、未来のために金を使っているんだから低収益はしょうがない、という理屈です。「三方良し」はしっかり稼ぐ、すなわち高い経済付加価値のビジネスをやり、その稼ぎを持続性のために主要なステークホルダーでフェアに分け合おうという思想です。松下幸之助さんをはじめ、日本の偉大な経営者が揃って強調するのは、利益の重要性です。利益こそが最大の未来投資の原資であり、納税も含めて社会還元の原資だからです。そのことも忘れてはいけないと思います。

第五章　多様性が経営を強くする

――日本を牽引する人材をどう育てるか

どんな会社でもつぶれるという原体験

田原　ここまで話を聞いてきて思うのだけど、冨山さんは非常に思考が柔軟だ。いったいどうしてなんだろうと考えてしまう。

冨山　それは父親が日本のサラリーマン社会に否定的だったことが大きいかもしれません。父は移民の子どもなんですね。祖父母が和歌山の農家からカナダに渡った日系移民で、当時の日本人としては変わった人だったんだと思います。日加関係が悪化する中、現地でそこそこ成功していてお金があったこともあって一九四一年の開戦直前に日本に帰ってきて終戦を迎えます。先に帰っていた父の兄、私の伯父《おじ》にあたる人は東京帝国大学法学部に進学していましたが、学徒出陣で亡くなっています。山崎豊子《やまざきとよこ》さんの『二つの祖国』的な話です。

一九三一年生まれの父は新制大学の第一期で神戸大学を出て「江商」に入って、駐在員として一家でオーストラリアのパースに住んでいたんですが、これが一九六七年に実質的に潰《つぶ》れてしまうんです（現在の兼松に引き継がれる）。江商は、当時の人たちからすると現在の五大商社に肩を並べる名門商社で、潰れるなんて信じられないという受け止められ方でした。父はマクロ経済の状況一つで名門でも会社は潰れるもんだと散々話していました。とにかく家の中では悲壮感はありませんでしたね。

そのあと、父は日本とカナダの会社の合弁企業として始まったばかりの「トッパン・ムーア」に入って、実質的に経営者になっていきます。コンピュータ産業勃興《ぼっこう》期の電算機用紙を作る会社ですから、今でいうベンチャー企業みたいなもんですね。カナダ生まれで英語がほぼネイティヴだった父にはぴったりの仕事を見つけた感じです。

田原　あの江商にいたんだ。しかし、良く言えば倒産して良かった、と。

冨山　そうですね。日本人としてはちょっと変わった人だと扱われたと思うので、伝統的なニッポンの名門商社では出世はできていなかったかもしれません。経営人材として異邦人を受け入れてくれたのは、ベンチャー的な新しい会社ならではともいえます。

父からサラリーマン社会について学んだことはたくさんあります。たとえばA社の社長になったあいつはとにかく前任者にゴマをすって引き上げられた、B社ではたまたま派閥闘争で運良く社長になった人間が威張り倒している、といったたぐいの話は何度も聞きました。欧米人風に仕事仲間とのイベントや食事会、海外出張にもよく私を連れて行ってくれたので、話の対象を知っているケースも多く、かなりのリアリティがありました。「和彦な、いま調子がいい会社はだいたいお前が偉くなる頃には衰退しているからな」とか、「メディアが調子よさげに報じていても、本当に事業がうまくいっているとは限らない」とか、「江商をみてみろ、いざという時に会社なんてあてにならないから、何とか食っていける能力を身に付けておくのが第一だ」とか、今にして思えば大事なことを話してくれていたなと思います。

昭和の時代のサラリーマンがどういう仕事かを生々しく語ってくれていたので、「そうか、サラリーマン社会は基本的に運と派閥で偉くなるかどうかが決まる」というのを、子どもの時から散々すり込まれていました。加えて会社というのは栄枯盛衰がありますよね。ちょうど私が卒業する時に、「会社の寿命は三十年」という本（『会社の寿命――〝盛者必衰の理〟』）を日経ビジネスが出していた記憶があります。

田原　現実には三十年もたないというところがほとんどだ。だいたい今就職活動で人気のある企業ベスト一〇とか、ベスト三〇には、入社した新人が部長になる頃には、あるかどうかもあやしいという企業が入っている。

冨山　そうしたサラリーマン社会の現実を嫌ほど聞かされたうえで、「和彦、自分の力で飯が食えるように若い時にしておかないと、人生これからかなり辛《つら》いぞ」とも聞かされました。

勉強はできたので、東京教育大附属駒場《こまば》（現在は筑波大学附属駒場）に入り、ある種流されるまま東大の法学部に入ります。ただ、それなりに成功していた経営者である父に「サラリーマン社会の出世は運と派閥だぞ」と散々言われていたわけですから、卒業が間近になったときに、普通にサラリーマンになるのはまずいなと思ったんです。でも官僚になるというのもちょっと違うな、と。日本型の組織と自分は合わないだろうという直感が働いたんでしょうね。

そうして司法試験の勉強を始めるんですが、真面目に弁護士になろうと思っていたわけではなく、とにかく司法試験に受かり弁護士資格を持っておけば食いっぱぐれはないなという感じで受けていました。

司法留年を二年やって試験をパスすることができましたが、その勉強中に転機が訪れます。

当時通っていた司法試験予備校で憲法の講義があって、「言論の自由と営業の自由、どちらが重要だと思いますか」と聞かれたんです。私は「言論の自由です」と答えたんですが、その先生は、たしかに憲法訴訟の理論で言えば言論の自由は重くみるのは正解で、民主主義の社会で言論の自由は基礎中の基礎である、でももっとよく考えてみましょうと言って、次のように話をされたんです。

「営業ができず、財産も失って食べられなくなったら人間は貧困に陥り、最悪、死んでしまうかもしれない。言論の自由が普通に市井の暮らしをしている人にとって、どれだけの価値があるのか考えてみなさい」

断っておきますが、言論の自由は立憲民主主義の基礎をなす、とても大事な権利です。けれども先生がおっしゃっていたのは、人が生きていくうえで必要な自由には本来的には優劣はない、経済活動の自由を軽視するような見方をしてはいけないということでした。

衝撃を受けました。確かにその通りだと。経済だって人々の生活の基礎にしっかりあって、ろくに食えない状況を変えたい、少しでもまともなものを食べたいという気持ちは人間の根幹にある。貧すれば鈍するし、衣食足りて礼節を知ることができる。

正直、法律の勉強には飽きていたのと、家業は言わばビジネス経営みたいなものだったところに、ここで人々の生きる権利を守るためにもビジネスは大事だと気付かされて、たまたま新人募集がかかっていたボストンコンサルティンググループに入って、自分もビジネスのプロになろうと思ったんです。

脱日本型システムのために必要なこと

田原　それで冨山さんは、ずっと日本型システムの外部から見てきた。いま、日本的経営を根底から変えなくちゃいけない時期に、冨山さんのサラリーマン社会の論理から離れた物の見方はとても大事だと思う。冨山さんは根底から変えるためにはいわば憲法改正ぐらいの変革が会社にも必要で、憲法のレトリックにのっとった形で古い会社をしばる「旧憲法」と、これからの経営の指針となる「新憲法」を提示している。日本型企業の骨子をこれを具体的に説明してほしい。

冨山　**まずG型の大企業に対する私の主張は、終身雇用を前提とした雇用制度の見直しです。**新卒を一括で採用し、一度雇った人は基本的に終身年功制で定年までというのをやめましょう。これは特に大企業ですね。L型産業はだいぶ前からかなりジョブ型、技能職型で、転職は当たり前のことです。ある意味でL型のほうがすでに時代に適合していて、バスの運転手ならばバス会社やトラック物流会社を何社か渡り歩くというのは、特別驚くべ

新憲法

（シフトすべき経営モデル）

人事組織管理	**多様性、開放性、流動性、新陳代謝サイクル10年、制度多元的** ○ 平均就社期間10年 ○ 能力制（賃金、昇進） ○ 職能別組合（労使は協調・対立ケースバイケース） ○ 通年採用、国籍・男女・年齢のポートフォリオ型人的資本経営 ○ 定年制なし ○ ジョブ型雇用 ○ 基本的に兼業・副業は自由 ○ 共通スキルが評価処遇 ○ 転職は基本的に善 → 出入り自由、再入社歓迎
組織構造と運営	**ネットワーク型、トップダウン&ボトムアップ、強い個人、合理性重視** ○ フラットな階層（能力ベースのフラットな階層） ○ プロ型意思決定スタイル ○ 日常業務は顧客と競争を軸にした外部指向 ○ 組織管理は能力と成果と市場評価ベース指向 ○ 意思決定も実行も個人としてコミットし責任を負う
事業戦略経営	**両利きの経営、非自前主義** ○ 価値訴求型、サービス指向、リカリング（サブスク）指向
財務経営	**事業戦略と財務戦略の高度な融合モデル** ○ ROE、EBITDA重視 ○ ROIC等の指標に基づく事業ポートフォリオ管理
コーポレートガバナンス	**ステークホルダー主義の外部ガバナンス** ○ 取締役会は社外取締役中心 ○ 株主ガバナンス機能有効活用（持ち合い廃止、建設的対話重視） ○ 社長人事は現執行部と社外取締役の協働作業 ○ 能力・適性重視の候補選抜、タフアサインメントテスト ○ 社長年齢は40代～60代前半均等分布

IGPI作成。

コーポレートトランスフォーメーション 新旧憲法比較

旧憲法

（古い日本型経営の統治機構）

人事組織管理	同質性、閉鎖性、固定制、 新陳代謝サイクル40年、制度一元的 ○ 終身雇用 ○ 年功制（賃金、昇進） ○ 企業別組合（労使協調） ○ 新卒一括採用、大卒日本人男性が暗黙の前提 ○ 定年制（勤続40年モデル） ○ メンバーシップ型雇用 ○ フルタイム・フルライフ型雇用 ○ 組織固有スキルによる評価処遇 ○ 転職は基本的に悪→転職者出入り禁止
組織構造と運営	年功階層性、ボトムアップ、集団主義、 コンセンサス重視 ○ 階層構造（年功ベースの世代別階層） ○ ボトムアップ型意思決定×コンセンサス型意思決定 ○ 日常業務は現場主義指向 ○ 組織管理は年功的身分制、ヒエラルキー指向 ○ 意思決定も実行も全員参加型指向
事業戦略経営	連続的改良・改善型競争、自前主義競争 ○ コスト訴求型、大量生産大量販売型
財務経営	財務経営は財務経営、事業経営は事業経営 ○ 財務は資金調達と使途の帳尻合わせが基本業務 ○ 事業管理はP／L数字を基本にした経理的管理
コーポレートガバナンス	サラリーマン共同体主義ガバナンス ○ 取締役会は社内取締役中心 ○ 株主ガバナンス機能最小化（持ち合い、株主総会対策） ○ 社長人事は前任者の専権事項（OBガバナンス） ○ 幹部経営陣選抜は生え抜き・内部昇格が原則 ○ 社長平均年齢は60代半ば

きことではありません。問題はそうした技能職が非正規雇用に結びつき、低い待遇になりがちであるという点です。

経営側の側面から見ると、終身雇用は会社の新陳代謝、事業のイノベーションを阻害する一因になっています。

現在、世界的には「両利きの経営」というのが一つのトレンドになっています。スタンフォード大学のチャールズ・A・オライリー教授らが書いた同じタイトルの本（『両利きの経営』東洋経済新報社）が出て、彼の長年の友人として私も解説を寄せていますが、かいつまんで説明すると、次のような内容になります。

この先も何度もイノベーションの波がやってくる。かつてIBMがマイクロソフトに覇権を奪われ、そのマイクロソフトも携帯端末の世界ではアップルに敗北し、いまはGAFAの時代になっている。イノベーションというのは、時代のチャンピオンへの挑戦ですから、ある時に隆盛を極めた企業が没落するということは往々にしてある。

オライリーたちは時代の波に飲まれずに変化しながらも生き残っている企業、組織に目をつけ、イノベーションの波に飲まれるところと、そうではない企業で何が違うのかを調べあげました。その結論が「両利き」が大事だというもので、「探索（自社の既存の認知の範囲を超えて、遠くに認知を広げていこうという行為）と深化（探索を通じて試したことの中から成功しそうなものを見極めて、磨き込んでいく活動）のバランスが高い次元で取れていること」を意味します。

つまり自社の強みを磨き深めていくことと、自分たちにはできていない新しいこと、新しい能力を探して取り込んでいくこととのバランスを取っていないといけない。

日本型企業は探索はやらずに閉じられた世界で深化することにばかりこだわって、イノベーションの機会を逸してきました。そして事業としての寿命が終わっている既存事業を引っ張って稼ぐ力を失い、リスクの大きな未来投資能力、イノベーション能力を失った結果、破壊的イノベーションの時代に入ったこの三十年間、長期停滞に陥っています。その原因は同質性と連続性にあります。要はみんな同じメンバーで、社内の出世ばかりを目指すから、探索もろくにしないで、変化も嫌う。あるいは探索と言っても野球しかやったことのない人間がにわか勉強でサッカーやテニスなどの新領域の探索を行うので、判断を誤るし、探し当てても一流の事業に昇華できない。イノベーションの波が起きる、あるいは起こすためには、組織構成員も常に変化していないといけないんです。

まれにカネボウの化粧品事業やダイエーのコンビニエンスストア事業（ローソン事業）

のように探索に大成功しても、従来の本業が苦しくなると、カネボウの場合は化粧品事業が古い繊維事業の赤字補塡《ほてん》で疲弊し、ダイエーでは翳《かげ》りが見えているGMS事業を救うために将来性のあるコンビニエンスストア事業を売却してしまった。同質的で連続的な集団はどうしてもそういう意思決定に傾くんです。創業経営者がいてもやはり愛着があるのは自分たちが最初に成功させた祖業ですからそういうバイアスがかかる。もしあるべき「両利き経営」ができていたら、どちらも産業再生機構案件にはなっていません。

本当にグローバルで戦える会社を目指すなら、新卒一括採用生え抜きの同じ人材で回すより、経営層はもちろん、多くの人材が周期的に入れ替わりながら、その時々の状況に合わせて最適メンバーで戦えるようにすべきです。

新たな日本経営のモデルはリクルート

田原　冨山さんのいうことはよくわかるけど、もうちょっと実例がほしい。そんなモデルでうまくやってきた日本企業はあるのかな。

冨山　やはり代表例はリクルートでしょうね。創業者の江副浩正《えぞえひろまさ》さんは光と影がある人ですが、彼の光の部分に関して言えば、日本的経営モデルというのをほぼまったく採用しないで、リクルートという会社をつくった偉大な起業家です。

田原　終身雇用を採用しなかった。

冨山　そうです、ほとんどの社員は四〇歳までに辞めています。別に解雇するんじゃないけど、昔は三〇歳まで、いまだと四〇歳までに独立できない社員はダメだという風潮が社内にある。だからリクルートからは様々な起業家が生まれています。

田原　僕も江副は面白いと思っていて、ずっと付き合ってきた。彼が面白いのは、学生時代、二〇二〇年に一〇〇周年を迎えた東京大学新聞（東大の学生新聞）の広告担当だったことにある。採用広告を企業に出させるというアイデアを発明して広告をかき集めて、だいぶ儲《もう》けた。その資金をもとに起業したリクルートも、最初は出版・広告業だった。

冨山　出版業として出発しながら、紙の出版がダメだとなると、あっという間に跡形もなくやめちゃうんです。気がついたら全部ネットベースに変わっていました。出版業のなかで、あれだけのデジタルシフトを短期間でやったのは、リクルートだけでしょう。とにかく変わり身が早い。既存の事業をやめる勇気もすごいんですが、創業時の事業にこだわらずに、新しい事業をどんどん立ち上げているところがすごいんです。

アントレプレナーシップが社員レベルにまで共有されて、現在まで続いている。こんな会社は日本だとリクルートくらいだと思います。

田原 新しい事業をどんどん作るんだね。

冨山 結局リクルートにおいて評価されるのは、儲かる事業を新しく作ることなんです。儲かる事業を新しく作ることが評価されるし、作った事業は、独立して続けてもらってもかまわない。だから社員はどんどんチャレンジする。

ベンチャーのタネを徹底的に探していくというモデルをつくり、長期に循環させていくというモデルは日本的経営とは相反するものです。そして、リクルートが持っている事業ポートフォリオはガンガン入れ替えていく。さらに日本的経営と真逆で、人材も囲わない。だから、どんどん元リクルートだらけの世の中になって、会社員をやめて独立しましたというベンチャー企業の経営者に会うと、半分くらいはリクルートという状況になります。彼らがリクルートの大きな意味でのエコシステムの中で、恩返しをしてくれるので、リクルート本体のブランド価値はどんどん上がり、それがビジネスにも好影響を与えて、リクルート自体がさらに発展して、そうなるとまた変な若者が集まってきて、おもしろいビジネスを立ち上げて……と循環するんですね。何をやっているか分からない、何をこれからやるか分からない会社だから魅力的なんです。

私が社外取締役を務めているパナソニックも時に昭和な経営評論家やOBから「何をやっているのか分からない会社になってけしからん」と批判されます。しかし、GAFAやマイクロソフトが何をやっている会社かスパッと言えますか？　今、ソニーや日立もテレビやウォークマンといった、モノで会社を分かりやすく語れなくなってから復活を遂げています。グローバル化とデジタル革命の破壊的イノベーションの時代、むしろ何をやっているかモノで語れる会社は危ない。社名もそういう名前はやめたほうがいいでしょう。

しかし、リクルートにしてもマイクロソフトにしても世の中に訴求している根本価値、コアコンピタンス（企業の中核となる強み）は揺らいでいない。松下幸之助によるパナソニックの経営理念「綱領」「信条」「私たちの遵奉すべき精神」には一言も「家電」も「メーカー」も出てきません。それはある時代環境でその会社が世の中に役立つためのビジネス上の表現手段に過ぎない。時代が変われば新陳代謝するのは当たり前です。

「両利き経営」の時代、企業の持続的な成長力の源泉は何と言っても新陳代謝力です。破壊的イノベーションの時代、日本的経営はその新陳代謝力において致命的に劣っている。だからG型産業では決別すべしと言っているんです。

田原 人材が外に出ることが価値になっていって、それが人材流出じゃなくて、むしろリクルートにはプラスに働くのか。そういう発想は僕にはなかったな。

忖度だらけの人事に決別を

田原 最近、伊藤忠の元社長で中国大使も務めた丹羽宇一郎《にわういちろう》とね、日本の企業がなんでダメかという話をした。一つのいい例が東芝だと。東芝は数年前に七年間にもわたる粉飾決算をやった。中堅以上の社員なら誰でも粉飾と分かるようなことをやっていた。色々な人と話しても、実際に社内なら上層部にいけばいくほど誰もが知っていた、わかっていたというんだ。

じゃあなんで誰も言わないんだと聞いたら、そんなことを言ったら左遷されるからだと丹羽宇一郎は話していた。僕も丹羽宇一郎の言っていることは正しいと思う。社内の空気を読みあって、何が正しいかよりも、日本の企業は空気を読んで、お互いにダメなことを言い合わないと。こんなことが起きている。同調圧力のなかで、みんなで押し黙っておこうというわけだ。それで改革なんかできるわけない。

冨山　ここにも日本型雇用の弊害があります。ほとんどの日本の組織というのは年功序列ですから、入ってから十年くらいは現場の集団作業をやらされます。それは営業であろうが、あるいは生産であろうが開発であろうがすべての現場が同じで、簡単に言えば社内のルールや空気を教えてもらうという仕組みになっています。だから、とりあえず十年役立つためには、協調性がないと会社の中に居場所がなくなってしまうので、新卒採用で重視されるのはどこの会社も判で押したように「協調性があるかどうか」「(日本的な意味での)コミュニケーション能力があるかどうか」。社内の空気を乱さず、そこで覚えたことを愚直にやっていれば、最低限の出世レースに絡むことはできる。

田原　新卒一括は採用はやめて常時採用できるようにするのなら、思い切って終身雇用のかわりにね、自分は四年いるとか、いや十年はいるというように決めて会社と話すという方法もあると思う。所定の年数を勤め上げたうえで、本人もその会社にいたいという人間は会社側と協議して、残りたい人はそれまでの実績をみた新しい契約を結べばいい。

とりあえず入ったときに何年くらいまで働くというのを目標にしたらいいと思う。最適な年数というのを、いろいろと考えるとだいたい十年じゃないかと思う。僕は最初の岩波映画製作所には四年いて、そのあと、東京12チャンネル（現・テレビ東京）に十三年いてフリーになった。

冨山　実はそういうことを先ほど紹介した「新憲法」にて主張しています。二〇二〇年春に文藝春秋から出した『コーポレート・トランスフォーメーション』という本で詳しく書いているのですが、「新憲法」では、毎年社員の入れ替わり率として一〇％ターンオーバーを取り入れるべきだと提案しています。これは十年いたらいいという提案とも通じます。これは会社の視点から見ると、十年で人がほとんど入れ替わっちゃうくらいでちょうどいいかなということです。もちろん、長期的にいたいという人がいる分には全く問題ないのですが、長期的に勤めているからと言って幹部の椅子もないし、出世も約束されない。

田原　それでいいという若者は多いと思う。現にね、僕はここ十年でベンチャービジネスを作った人間を百人以上取材しているけど、みんな最初はやっぱり大企業に入ったのが多い。そこで大企業に六、七年いて、そこでつまらないから起業する。

冨山　おっしゃる通りです。少なくとも現在の日本の大学の教育というのは、残念ながら欧米と比べると社会に出るために必要なことをほとんど教えていないこともあって、会社に入ると三、四年は誰でもある程度成長するんです。

でも、五年目以降に、だんだん暗黒の時代がやってくるんですね。社会人としての仕事の仕方はある程度学びました。ただ、その後二十年以上同じようなことをやらされることは目に見えてくる。そしてほとんど成長してない先輩がいっぱいいる。キャリアの先が見えてしまうわけです。おいおい、これは違うだろうって思い始めた若者たちがベンチャーに飛び込む。

私自身は、そういう若い有能な人材について言えば何にも心配していません。失敗しても、まだ次があるし、ベンチャーやるなかで様々なつながりができて、引き抜かれたり、次を探してもらえたりするからです。だから失敗しても案外なんとかなるし、成功すれば大きい。それにここでもお話しした通り、ローカルな経済圏にまで目を広げれば本当にいろいろな選択肢があります。特に若い人であれば、大企業のサラリーマンお作法に毒されていないですから、十分に活躍できます。またベテランでも生産技術や設計技術であるとか、あるいはホテルマネジメントや接客技術であるとか、ちゃんとした技能を身に付けている人も同様です。

そもそもグローバルに展開している大企業に入社できるような人たちは、とりあえず生きていくという意味ではあまり問題ないんです。

JAL再生タスクフォースでリーダーをやったときの経験ですが、私たちも人員は削減しました。リストラの対象をかなり広くしたので、メディアからも批判が飛んできましたが、でも、私は少なくとも正社員やパイロットの今後はあまり心配していませんでした。なぜなら、そもそもJALで働いてきたような人たちは、どこの会社もほしがるからです。パイロットをはじめとして技能職の多い会社ですし。実際、大部分が再就職できました。職種によっては転職して給料が増えた人も少なくなかったようです。

再生に必要な人材は残ってもらいましたが、そうでないと私たちが判断した人たちであっても当たり前のように再就職できる。私はG型産業の正社員のようなエリート人材のリストラと、L型産業のリストラはまったく意味合いが異なると思っています。

田原　ただ問題はね、大企業で十年経って成長しない、将来性がないと思い始めた人たちであっても係長、課長になる。これが案外なれてしまうし、その環境に慣れてしまう。

冨山　それ以外に人生の選択肢がなくなってしまうんですよ、元々は高い潜在力の人材だったとしても。私の東大同期で金融機関や電機メーカーに行った人には、その後の統合やリストラの嵐でポストが減り、厳しい展開になった人が少なくありません。それが一番困ることで、その手の人がまだ現場にいてくれれば、それなりに付加価値を生むことができます。現場の仕事は実際の価値を生んでいる仕事をやっているから、営業であろうが生産だろうが、どこの会社に行っても輝ける人材かもしれないんです。

課長、係長になるということは、管理職になっていくことです。ミドルマネジメントのレイヤーで付加価値を生むということは、今の時代的に相当ハードルが高くて難しくなっています。デジタル革命以降は特に顕著ですが、マネジメントで付加価値を生み出すには、分析し判断する力であったり、地位や権力ではなく動機づけで人を率いる力であったり、それを多様な人々に伝え説得する力であったり、ある意味で私たちがやっているようなコンサルティング的なスキルと決断者としての胆力が必要になってくるんです。中間管理職と言うより中間経営職と呼んだほうがいい。

ただでさえ、大変な面倒な仕事なのに、それを空気を読みあうことが大事だという日本的組織の中でやろうとすると、輪をかけてしんどいことになるんですね。そして、本人はものすごく矛盾を抱えることになってしまうんです。結局「どう見てもオレがやっていることは付加価値を生んでない」ということも分かる。その地位で本気で付加価値を生もうと思ったら、非常に難度が高いということもわかるわけで、そこで管理職鬱《うつ》になっていく。「あの人、あの地位であの給料なのに……」と周囲がいつも囁《ささや》いているような気がして……と。

田原　今、問題なのはコロナ禍でテレワークが進んでいること。大企業で、テレワークに反対が強くなっている。誰が反対しているのかと聞いたら、中間管理職だという。

冨山　彼らの存在意義がなくなっちゃうからですね。なんで『半沢直樹』シリーズがヒットするかというのも、そこにつながってくるんです。二〇二〇年のテレビドラマ版は、私が携わったJAL再生がモチーフになっていたので、だいたい見ていました。もちろんタスクフォースを率いた人間としてはツッコみたいところはありましたが（笑）、それはともかくとして、あそこで描かれているのは、たいていが出世争い、派閥争いなんです。策謀の話ばかり。みんな基本的には偉くなりたい人たちの話です。

それが共感を呼ぶというのは、世の中の多くの人たちにとって、偉くなるゲームにリアリティがあるということですよね。自分の仕事は付加価値を生んでいるか、ほんとに世の中のためになっているのか、と考えだしたらあまりにも辛い現実しか残っていない。半沢みたいな現場で相手のことを重んじた仕事をしたくても、現実は出世争いということになってしまう。しかも、大企業内で行われている出世争いというのは、あくまでも特定の銀行や特定の企業における出世争いだから、仮にその企業が潰れてしまったときに、何もできない人になっているんです。

現場で設計をやっている、現場でものづくりをやっている、バスの運転手ができるというのは明確なスキルがあります。でも、半沢シリーズに出てくる銀行員や管理職が外に出た瞬間に、何ができるのかと言ったら、「私は支店長ができます」みたいなよく分からない人になってしまう。

日本のグローバル人材は学歴が低すぎる

田原　冨山草案のもう一つの大きな柱はなんだろう。

冨山　それは人材育成と関わってきますが、トップ人事改革、そして表裏一体の関係になるガバナンス改革です。私は社長人事については社外取締役が中心になり、執行部との協働作業で時間もエネルギーもしっかり使って決めるべきである、そしてトップ人材候補群はもっと若い時、三〇代から厳しく育成するべきだと主張しています。そしてこれこそがコーポレートガバナンス改革の本丸であるとも。

企業、特にグローバル企業で将来の経営職を担うような潜在力のある人材は、三〇代から何らかの経営責任のある職責で十年働いたら、どこの企業でも通用する経営人材にすることを目指すべきです。実はそこからさらに遡《さかのぼ》ると、二〇代のうちに経営職として最低限身に付けるべきハードスキル、たとえば簿記会計、財務、企業法務、グローバル企業なら英語や中国語などは徹底的に叩《たた》き込んでおくことも必要となります。どんな企業もいつ潰れるかわからない時代に、二十年から三十年かけてマネージャーを育成するなんて悠長なことをやっていてはダメです。

大企業で今の五〇代が日常的にやっているようなオペレーショナルなマネジメント業務は、優秀な人材なら三〇代でもできます。優秀な人材は早く抜擢《ばってき》して、将来のトップ候補としたほうがいい。別に生え抜きである必要もありません。市場にいる中で有能な人材を中途で引っ張ってそのラインに乗せることでも対応できます。

私は変な意味でのエリート扱いしろと言っているわけではありません。会社に入ったらまずは現場の苦労、辛酸を嘗《な》めさせ、寝る間も惜しんで基礎的なハードスキルを徹底的に習得させ、三〇代になったら経営職として国内外の修羅場に放り込みこれまた辛酸を嘗めさせる。おそらく会社の中で一番辛いキャリアになります。

その裏返しで、会社は十年くらい自分の会社で働いたら、世の中で通用するようなスキルを授けるべきなんです。経営職であれ、現場人材であれ。人を大事にするといった時に、昔は定年まで働かせることが人を大事にするという意味でした、だけど今の時代に本当に人を大事にするとは何かを考えないといけません。

人を大事にするというのは、会社が潰れたとき同情されてしまうような人材を育成することなのか、転職してもなんとかやっていけるスキルを持った人材を育成することなのか。

ここを明確にしないといけない。私は圧倒的に後者に転換すべきだという立場です。

あらゆる職種をジョブ型に切り替えるということも提案しています。営業なら営業として転職する、マネジメント人材ならマネジメント人材として転職する。そういうことができる。ジョブ型なら「自分は何ができる」とはっきり言える。L型産業のほうが世界標準だということがここでわかってもらえると思います。

じゃあ、お前の会社はどうなんだといえば、ＩＧＰＩグループはもっと短期かつ激しいです。標準的には三年働いてくれたらどこに転職しても通用するだけのスキルを授けますし、そのための投資もします。大企業の名前を振りかざして転職して、実際はまったく使えない人材が世の中に溢《あふ》れていますが、そうはならないようにして送り出します。

普通のコンサルティング会社と違ってうちの仕事は本当にリアルで守備範囲も広いですから、そこで鍛えられた人材が通用する領域は広い。だからあちこちからヘッドハンティングで狙われるので組織経営的には頭が痛いのですが、そこはしょうがないと割り切っています。

田原　そうか、十年いてくれたら、他で働ける、転職できる能力を身に付けさせると。まずはこれが大事だ。

冨山　そうです。それはやるべきです。それが今の時代に本当に人を大事にするということです。

田原　個人の成長という話に戻すと、日本では大学を卒業する二〇代前半以降、教育を受けないという人が多い。一方でＯＥＣＤ諸国やアメリカではそれ以降も社会人のための教育機関がある。

冨山　海外ではマネージャークラスになるには、ＭＢＡなどの大学院の学位を取得することが前提になります。そのため大学を出てからもう一度、プロフェッショナルスクールに行きます。

田原　なんで日本ではそういう発想にならないのか。

冨山　終身雇用制の中ではマイナスに動くからです。もし転職できるスキルを身に付けさせると、転職される可能性が高まりますから。だからＭＢＡを取ってやめられるより、社内でしか通用しないスキルの中に閉じ込めておいたほうが得なんです。最初の五、六年間でまっさらな大学生を社会人として独り立ちさせるための投資をしていて、それを長期的に回収しようと思ったらMBAに行かせたら、やっと投資が終わったと思ったところで転職されてしまう。これは損だという発想です。

結局、日本型経営のメンバーシップ雇用では、会社固有のスキルを入社後に教育することが基本ですから、採用は潜在力をみればいい。だからそのシグナルとして「合格歴」が便利だった。変に大学で勉強して色のついた学生より、白地で素直で協調性のある若者が日本型経営では都合がいいんです。だから指定大学制の新卒一括採用での体育会系が好まれる。

この国は高学歴（こうがくれき）社会ではなく、濁点場所違いの合格歴（ごうかくれき）社会なんです。だから産業の軸が本格的な知識集約型、個々人の独創的な思考力、発想力、判断力が基本の時代になったときに勝てなくなりました。

田原　僕ね、二十年前にシリコンバレーでグーグルを取材したことがある。そこで、びっくりしたのは、創業メンバーや幹部クラスが仕事をしながら、大学の研究生をやっていることだった。アメリカでは、経営者も教育機関に行くのかと。これはすごいことだし、まず日本にはない発想だった。

冨山　いや、むしろそれが当たり前で、エグゼクティブ向けの人材が通うところもあります。四〇代、五〇代の人が行くような三ヶ月くらいの学校もあります。なんで、彼らが自分で通っているのかというと、知識のアップデートです。経済学、経営学、社会科学全般に言えることですが、自分が学生時代に学んだことがどんどん古くなるし、アップデートされるんです。昔の知識で経営やると、あっという間に古くなるから、それを学び直すんです。

田原　それが日本の経営者にはできない。

冨山　日本のトップ人材は世界的にみたときに学歴が低いんです。世界的にみたら、大半が東大出身だろうが、慶應出てようが、早稲田出てようが、学士でしかありません。シリコンバレーでは修士が標準で、その後博士号だって持っていて当たり前、ダブル修士、博士号と修士みたいなのもいるという世界です。そこでビジネスやっているような人たちからすれば、この人は勉強をしてこなかったと判断されても仕方がない。

　日本の経営者、というか日本のビジネスパーソンは自分の会社で起きたことは語れるんです。そこにどっぷり浸《つ》かっているから、経験談として語ることができる。ところが、自分の目の前で起きたことを、ある程度抽象化して、だから一般的にこうではないだろうか、という仮説を語ることができない人が多い。経験が特殊な個別事例なのか、そこから一般的に応用可能な原理を抽出できるものなのかが一切分からない。それは、普遍解を追求する学術研究のトレーニング不足という側面もあって、真の意味での学歴の問題と結びつくんです。

グローバルな国際会議に出てくるアメリカやヨーロッパの経営者は修士か博士を持っている人が大半です。どっちも論文を書かないと取れません。博士論文というのは、経験談を書いてもリジェクトされるだけなので、当然研究して、事象から一般的に通じる原則を抽出しないとダメです。

彼らはその訓練を受けているので、国際会議でも議論が盛り上がる、個別の話が一般の議論になるし、普遍的な議論になるから、未来のビジョンを語ることができる。

日本の経営者の語ることというのは、自分の体験を体験として語って終わっている事例がかなりあります。

もっと切ないのは、時に気持ちだけが先走りして、高度な知的なトレーニングを受けないまま、すごい個別性の高い話を無理やり世界的な普遍論として語ろうとする人。これは本当にイタい。世界の一流大学の博士号やダブルマスターを持っているような人たちは、「こいつの頭の構造はどうなっているんだ？」と目が点になってしまう。
とにかく世の中一般に起きていることへの関心も低い、あるいは浅いですし、それがないと当然未来察知能力が生まれません。結局起きるまで何も思わないから、探索能力が上がらないんです。

社長人事はプロに任せるべき

田原　だから、冨山さんは社長人事を改革しろ、トップを選ぶのは会社で決めるなと言っている。役員会で選ぶ形式をとっていても、役員会のほとんどは社員で、サラリーマン社長が後任のサラリーマン社長を指名している場合が非常に多い。これでは派閥争いや時の運でトップが決まるだけで、企業としてはまったく弱くなる。

冨山　私はそんなやり方をさっさとやめるべきだと言ってきました。同質的な人材候補から狭い視野で見てわずかな差で判断する。

田原　これは逆に言えば、松下幸之助がつくりあげたシステム、つまり、社員がモチベーションを持つためには、社員が頑張れば部長、役員、社長になれるというシステムがもはや機能しなくなってきたことを意味する。

冨山　一つ付け加えると、別に社長を社員から選んでもいいんですよ。現実的に考えて、大半の日本型企業が社長人事だけでがらっと変わることはないわけですから。私が語っているのは、こう改革しないといけないという方向性の話であって、明日からそうなる、向こう数年で劇的に変わるとは思っていません。ただ、新卒生え抜きで、真面目で従順で与えられた責務を着実にこなしてきたことが、社長になる基本条件っていうのはやめにしましょう、そうやって誰にでも社長になるチャンスがあることが、今どき一般社員のモチベーションなんかになってませんよ、ということです。

大事なのは、結果的に社員から選んでもかまわないけれども、もっと多様性に富み幅広い人材プールを作って、選ぶ側もできるだけ社外の人も含めて本当に知恵のある人を入れろということです。

田原　今の日本の大企業で、つまり社外役員が社内役員よりも数が多いという会社は、どこにあるだろうか。

冨山　数が多い会社はおそらく数％でしょう。けれども、全体の傾向として社外取締役が多い企業は業績が堅調、もしくは回復しつつあるということは言えます。たとえば日立がそうです。あそこは一度潰れそうになった時に、大改革をしています。

田原　なんで日立はできたんだろうか。

冨山　倒産の危機に陥ったからです。潰れるかもしれないということが現実味を帯びたからこそ、大改革を行うことができました。単に危機をしのぐだけでなく、一気呵成《かせい》に会社の大改造に進んでいった。それは川村隆《かわむらたかし》、中西宏明《なかにしひろあき》というトップがしっかり問題の本質を把握できていたことも大きな要因です。

日立はリーマン・ショックで潰れかかったとき、川村さんや中西さんが、なんで日立がこうなったのかと考えたんです。これだけ素晴らしい人材がいて、あれだけいっぱい世界トップクラスの技術を研究して、開発してきた博士号を持った社員がいて、製造業としての実力もあったのに、どうしてこうした苦境に陥っているのか。川村さんは日立の中で本流を歩んできた人、中西さんは傍流という違いはあったにしても、そこはまったく波長が合っていて、根本的な問題認識が一致していたんです。

田原　その根本とはなんだろうか。

冨山　日立の場合は、現場の業務を真面目にこなして工場長になった人が、そのまま経営層になること、今のトップに気に入られ、社員からも人望のある人が偉くなるというところに病理があったようです。二〇一九年に文藝春秋から中西さんと『社長の条件』というそのものズバリの題名の共著を出したのですが、そこでこの点を強調されてました。

こうしたモデルでは事業の入れ替えができません。結局空気を読む人が周りを固めて、ダメだと思っていてもノーと言えない体質になる。そうすると事業を売却しようと考えたとしても、その事業でやっている人たちは、絶対にノーと言う。売らないでくれと言うから、そうすると事業の入れ替えもできない。

そして、組織の人間の入れ替えもできない。日立の事業を精査すると、日立で抱えているより、他のメーカーが事業買収したほうがうまくいくものが多かったんです。他社は他社で、専門メーカーとして市場シェアも増えますから。だけど、日立で抱えてしまうと、その部門が重しになってしまって、未来にお金や人を割けなくなる。

だから資本コストを重視した経営に転換する必要があった。資本コスト経営というとなんだか株主重視経営としか理解しない人が多いんですが、事業のリスクに見合う収益を上げないと十分な未来投資原資を稼げない、資本調達もできない、そしてグローバル投資やイノベーション投資を持続できなくなってしまうという、まさに事業の持続性に関わる問題なんです。

根本が変えられないと、日立のようにデジタル革命とグローバル革命のど真ん中に放り込まれて、会社は潰れるんだということを中西さんや川村さんは気がついて、リストラやって事業を整理しました。業績のV字回復だけではなく、そこから大量生産大量販売の事業モデルからBtoBのサービス事業モデルへの転換を目指し、本気で長期的な会社のトランスフォーメーションに進んでいきました。

その中での一番大きなものは、ガバナンス改革、すなわちトップの人選です。前任者が指名するというモデルではなくなり取締役会が人材を精査、任免する仕組みに変わったんです。

取締役には本格的な経営トップ経験が豊富な社外取締役が過半数以上入っています。経営者仲間や著名人が入るような「なんちゃって社外取」ではなく、アメリカでCEOを経験した本物の経営者も招聘《しょうへい》しています。現在の日立の取締役会の最大のミッションというのは、トップの任命とクビを切ることになりました。日本の会社の暗黙の「旧憲法」を「新憲法」へとがらりと変えたんです。

こうした流れは少なからず出てきています。

たとえばオムロンでは、社外取締役だった私が委員長をつとめる社長指名諮問委員会で三年以上の時間をかけて山田義仁《やまだよしひと》さんを社長に選びました。当時の立石義雄《たていしよしお》会長、作田久男《さくたひさお》社長らオムロンのトップマネジメント層は、創業者立石一真《かずま》さんが定めた社憲を発展させ「企業は社会の公器である」という新しい基本理念を打ち出していました。そうした理念への共感と、ますますグローバル化とイノベーション力の勝負となる事業ドメインのなかで持続的成長を目指すために、本気で社長指名を中心とするガバナンス改革を進める一翼を担うということで、社外取締役を引き受けました。オムロンのような京都の企業は、東京よりも世界を見て仕事をしています。そのため世界で戦える企業体に変えよう、まさにCXを進めていこうというのが大きな目標でした。

会長の立石さん、社長の作田さんも有言実行の人なので、社長指名については、通常の指名委員会とは別に社長指名諮問委員会をわざわざ作り、その委員長を当時まだ四七歳だった私に任せたいということになりました。とにかく筋を徹底的に通す会社です。

トップ人事改革は、会社が大きく変わるんだというメッセージにもなります。「新社長は四九歳の山田義仁」と発表されたときに世の中には驚きがあったようですが、社長指名諮問委員会が明確なミッションを持ち、多くの時間とエネルギーを使っていることは社内の多くの人がご存じでしたから、山田社長への権力移行は意外とスムーズでした。オムロンの場合は、社長の条件については作田さんたち執行部と一緒に考え、候補の絞り込みとテストについては協働作業でしたが、最後の一人の選抜は作田さんの入っていない社長指名諮問委員会だけで行いました。このプロセスはＩＲ誌で社外にもそのまま開示しています。

三年にわたる選考期間の時期にリーマンショックもあって言わば修羅場に事欠かなかったこともトップ選びにはむしろ好条件だったのかもしれません。そして山田さんも大きな負託を担って今日に至るまで財務的にもオムロンの理念達成面でも立派な業績を上げています。実は山田さんが就任した直後、「十年後、次の社長がクリアすべきハードルはきっとさらに高くなるから、今度は十年がかりでトップ候補人材プールづくりを始めておこう」という話をして直ちに本格的な取り組みを始めました。私自身は二〇一七年に十年間つとめたオムロンの社外取締役を退任しましたが、次の社長がどんな人になるか、そろそろ楽しみな時期になっています。立石さんは二〇二〇年の春、惜しくも新型コロナウイルス感染症で逝去されましたが、このような理念主導型のガバナンス改革が山田さんの次の世代にも継承されることが、立石さんの遺志を継ぐことになると思います。

女性、外国人を積極的に登用せよ

田原　社内に人材がいない場合、ヘッドハンティングをして有能な人間を連れてくることも視野に入れるべきと。

冨山　外部からという可能性は残していますが、現実には、いきなり社長をポンと外から持ってきても機能しないケースが多いですね。ポンと社外から連れてきても、みんな言うことを聞こうとしません。

それだと権力掌握が大変になってしまうので、候補の中に多様性を持たせることを考えるのであれば、幹部レベルで社外から採用しておくことが大切なんですよ。将来を見越して、トップ候補として幹部レベル、それも部長クラスからが望ましいです。

田原　役員じゃなくて、部長クラスに入れる。

冨山　はい、部長、あるいは事業部長で入ってもらう。三、四年経てば、社内からの信頼も得られるでしょう。

田原　なるほど、それは大事だ。

冨山　幹部社員が全員生え抜きか、最後生え抜きになってしまうと同質的な集団になってしまいますからね。

あと、私がやるべきだと言っているのは、幹部人材で女性や外国人をもっと登用しろ、ということです。

そこはもうアファーマティブ・アクション（積極的差別是正）でもいいと。これは人事部が抵抗するんですが、ものすごくわかりやすくたとえると、会社の評価としてスコアで七五点の男性社員と七〇点の女性社員がいる、とします。人事は七五点の男性を管理職にしようとする。でも、小さな社内評価で何を決めているんだ、と。外から見たら、そんな五点とか一〇点の差なんてたいしたことありません。現実に日本は男性優位にできているので、そのくらいの差は出るのが当たり前なんです。本当に男性が優秀ならもっと高い評価を獲得できるはずです。

そんなたいしたことない差で「しかし、公平じゃないから」「いや、社内から批判されるから」とかいう人がいるんですが、視野が狭い。そもそも昇進昇格って、常に潜在力評価です。今まで課長をやったことがない人に課長を、部長をやったことがない人に部長を、社長だってそうです。その手の議論は結局、選ぶ側が自分たちに批判の矛先が向くのをビビっているだけ。上げてみてダメだったら落とせばいい。そしてまたチャンスを与えればいい。終身年功制の人生一回のトーナメント戦みたいな頭から思い切り離れないとダメです。

今や出産、子育てなどのライフイベントも実は経営者としては重要な経験の多様性になります。むしろそれを加点要素にすべきです。年功の裏返しで昇進の年齢上限みたいな頭があるからこれまた障害になるんです。

「日本人のおっさんサラリーマンの、おっさんサラリーマンによる、おっさんサラリーマンのためのニッポンのカイシャ」というモデルと決別する最も端的な方法は、思い切り女性活躍を進めること。女性が活躍できていないような会社であれば、なおさら彼女たちが働きやすいようにルールをガンガン整備すべきです。

田原　そうか、中途半端な点数評価なんか意味ない。

冨山　そうです。経営者層の外国からの招聘ももっと当たり前にやるべきで、部長レベルでもいいし執行役員でもいいのですが、そこで外の血を入れること。女性比率も意識的に上げる。そうするとトップの候補がすごく多様になりますから。そのプールの中から、またこれが社内の視点だけだと必ず偏るので、経営経験をした社外取締役も入れて、事業を任せながら選ぶという方向に変えたほうがいいですね。

G型産業もこれからデジタル革命の主戦場はリアルでシリアスな領域ですから、日本企業が長年、培ってきた現場力、改善改良力、集団的オペレーション力はものを言うようになります。しかしそれだけの「片利き経営」では勝負にならないこともはっきりしているんですから、ここは古い日本的経営モデルに別れを告げ、「両利き経営」の会社、真に多様な人材がそれぞれに違った働き方、生き方で活躍している会社へと思い切り会社改造、CX、憲法大改正をしていってもらいたいと思います。

彼らが世界で成功し、かつての貿易収支ではなく、配当や利子、ライセンス料といった所得収支で外貨を稼いでくれることは、インバウンドなどのサービス収支と並んで、小資源国日本の持続性のために重要ですから。

ローカル産業のキーワードは「脱封建」

田原 G型企業の経営改革方針はわかった。ではL型企業はどうしたらいいのか。

冨山 これも明確で、封建的な会社をいかに現代化するかがまずは大切です。繰り返しになりますが、そのために新しい血も入れて経営人材を強化することが何よりも大事ということになります。私は危機の時には、中小企業のオーナー創業者モデル、オーナー経営モデルは強いと思っているんです。トップダウンもできるし、決断の影響力が大企業よりもすぐに出ると。

たとえば老舗《しにせ》の旅館やホテル、食関連のビジネスでは、下手に大企業型にするよりも事業の持続性が高い場合があります。それは経営理念も継続するし、長期的な経営や修繕計画もできるし、企業文化も変わらずに継承される場合が多いからです。

ですが、その反面、非常に封建的で外部が経営にかかわる機会を奪い、社内が停滞する可能性と隣り合わせです。これでは、やっぱりうまくいきません。実際に私たちが企業再建にかかわったとき、地方の再生案件はほとんどが創業から三代目以降の会社でした。当たり前ですが、創業一族から何代も優秀な経営者が出続けるなんてほとんどありません。

田原　そんな企業体質でデジタル化はできるんだろうか。

冨山　デジタル化というと難しく聞こえるかもしれませんが、まず多くの場合は現場の「見える化」にあります。管理会計を厳密にやって、どこにコストがかかっているか、どこに無駄があるかを数字で把握していく。そのために最初はエクセルのような表計算で実態把握と分析を行う。ＰＤＣＡ手法が練れてきたら会計ソフトを導入して、自動的に全体でわかるようにする。これも立派なデジタル化です。

バスでいえばたとえば路線別収支を出そうと思ったら、一番簡単なのは大都市と同じようにＩＣカードを導入すればいいんです。最初は田舎のお年寄りだからできない、そんなところにお金を使っても収入が増えるわけではない、といった反対意見も出てくるんですが、そんなことはありません。都バスでお年寄りだからＩＣカードが使えないなんて話は聞いたことがないですよね。結局、顧客利便性は増すし、お客さんがどの時間のどの停留所からどこまで利用しているかが分かるので、ダイヤ改正や路線改正の大事な情報になるのです。ＩＣカード導入も立派なデジタル化の投資です。

事故が多い運転手とそうではない運転手の違いを突き止めるために、車内が映るドライブレコーダーをつける。これも立派なデジタル投資で、運転がうまい運転手のスキル、発進時や停止時にお客さんの転倒事故を防ぐためにどんな工夫をしているかをみんなが共有することで、事故率は劇的に低下します。

デジタル化なんて難しいという話がすぐ出るのですが、要は現場で役に立つことを技術でやるということでしかないんです。

田原　ローカルには、世界レベルの技術を持っている企業がある。世界に輸出して、圧倒的な評価を持っている企業もたくさんある。こういう発想がローカルで、商売としてはグローバルな企業は何が課題だろうか。

冨山　多くの場合、ここでも組織能力の抜本的な強化ということになるでしょう。社内で若手、女性の登用、あとは幹部人材、経営者人材を含めて外部人材を獲得し、活用することです。だって世界を相手に直《じか》に商売をしていくわけですから、様々な才能が必要となる。国内の大手メーカーの下請けとしてこつこつ技術力を磨いて口を開けて親鳥がエサを運んでくるのを待っているビジネススタイルに未来はありません。

ＩＧＰＩグループでは、中小企業でありながら、そういった新しい人材を外部から大胆に獲得して世界に飛躍していった会社との付き合いもあります。本当に世界に通用する卓越した技術力を持っていれば、人材次第、経営次第でそのような飛躍は可能です。

その一つの方法論として、日本人材機構のノウハウ――機構では「伴走支援型」と呼んでいます――を地域金融機関に実装してもらう活動も展開していました。北洋銀行、広島銀行、北陸銀行などで機構のノウハウを活用できる体制を整えています。

人材紹介事業には免許が必要なのですが、二〇二〇年二月時点の調査結果によると、地方銀行二四行、第二地銀八行が免許を取得しています。ガイドブックも作ったので、これからより多くの銀行が、日本人材機構のノウハウを踏まえて事業を展開することになるでしょう。

こうした先進的な取り組みをしている地域では、地銀が主役となり、優れた外部人材を東京から獲得する時代に突入するでしょう。

地方国公立大学は地域のハブ

冨山　もう一つ可能性があるのは地方大学なんです。

田原　詳しく聞きたい。

冨山　ローカル経済圏が大事になってくることは間違いないとして、そこで、知のハブになるのも地方国立大学なんですね。私たちは、地方企業にいきなり転職することに抵抗があるという人材のために、地方の国公立大学に客員研究員というポストを用意してはどうかと提言しています。

ある企業とマッチングしたけど、でもいきなり転職は怖いという人が現実にいます。そこで、そういう人材には最初は大学の客員研究員になってもらい、週に三、四日を事前にマッチングした企業の支援、週に一、二日は大学で学習・研究活動に従事してもらう。大学側としても東京の社会人がやってきたというので学生にも良い刺激になり、本人はちゃんと分析する時間が取れて、しかも他の研究員や教員からもリアルな話が聞ける。プログラム参加期間中は、ちゃんと月に三〇万円の報酬が出て、半年間のプログラムを終えれば、人材と企業オーナーで話し合い、フルタイムか副業・兼業で採用しましょうとする。

もちろん、途中でやめますというのも問題ありません。信州大学や金沢大学ですでに試験的にプログラムが始まって、一定の成果が得られています。こういう仕組みも活用していけば、人材が流動し、地域にもプラスになると考えています。

ここに来て、実学教育に真剣に取り組もうとしている地方大学が私立、国公立を問わず出てきています。こうした大学が人材面でも、地域企業のＣＸＤＸの面でも大きな役割を果たして行ってもらいたいと思います。こんなネットの時代に司馬《しば》遼太郎《りょうたろう》さんの言う「西洋文明の配電盤」の地方版、すなわちミニ東大な講座や講義をやっている場合ではないんです。

正解のない問題に答える力

田原　大学の話が出たところでね、少し教育の話をしたい。今の時代は正解のない問題に自分なりの答えを出さないといけない。そこで、昔宮沢喜一が首相の時に聞いた話を思い出した。先進国首脳会議、あるいは国連や国際会議に出ると、日本の政治家は発言しないというよりできないというんだ。宮沢に聞いた。

「これは英語ができないからか」

「違う、教育が悪いんだ」

宮沢は英語も堪能《たんのう》で、戦後のタフな交渉を乗り切った。宮沢は場慣れもしていたから問題ないけど、他の政治家は違ったんだね。小学校から高校まで、正解のある問題、正解を答えないと怒られる。ところが、G７のような会議で話される議題には正解がない、正解が分からないから議論している。今回のコロナ禍もそう。答えが出ないという場面が日本の政治家は苦手だ。

冨山　実際に社会に出ると、議論しているのは正解のないことしかないので、できれば中学、少なくとも高校くらいからは、正解の出ない問題に重心を置くべきなんですね。知識は大事なんですが、それ以上に大事なことは知識を活用する力です。世の中で大事なことは何か、今何が起きているのか、それが、これからのあなたの人生にどんな影響を与えるのか、そこで自分はどう生きていくのか……こうしたことを考える力を身に付けてもらう教育を行うべきです。

ビジネスでも、正解のない世界に出て行かないといけないのに、正解ありきの世界の勝ち組である試験優等生タイプは間違えることを恐れ、重要な決断ほど先送り、すなわち決断しない、試験を受けないことを選択します。ですが、間違えるか間違えないかなんて、やってみないと分からないんですよ。だって、今は正解でも明日にはイノベーションで新しいゲームに変わってしまう時代なわけですから。

田原　本当ならば、世の中が求めているのはイノベーションで、イノベーションを支えるのは創造力だね。

冨山　たとえば東大の数学の試験問題であっても、出題者が想定していない解き方をする人が、数年に一人くらいの割合で、出てくるといいます。そういう学生には五倍くらい価値があるんですが、試験ではどんなダサい解き方でも正解は正解で満点は変わりません。

ここを変えたら良いのにと思います。

大学はリベラルアーツの原点に立ち返るべき

田原　教育と言えば、冨山さんは大学でシェイクスピアを教える必要はない、実用英語教育に特化しろ、簿記会計を教えろと言って、大炎上していた。あの真意を改めて聞きたい。

冨山　大学教育、リベラルアーツの原点に戻るべきだという議論を私はしていて、リベラルアーツというのは、本を正せば、世の中をより良く生きるための知的な技法のことを言っています。それは、ギリシャ、ローマまで遡るし、最近で言うと、オックスフォードとかケンブリッジでやっていたことで、日本で言うと、慶應を作った福沢諭吉《ふくざわゆきち》が『学問のすゝめ』で語っていることを現代的に言い直したということです。『学問のすゝめ』の学問の中には簿記会計がちゃんと入っています。

田原　『学問のすゝめ』にはどんなことが書かれているのか。

冨山　要するに、民主主義は何か、誰が担うのか、そのために実学を学べという話が書かれています。私なりに言い換えると、まずは実践で役に立つことを勉強しようということです。それを皆で勉強することによって、一人ひとりが自力で生きていくことができ、ひいては日本全体が豊かになると語ったんですね。

学ぶべきものの一つは簿記会計だし、一つはちゃんと法律の基本的なことを勉強しなさいとか、あるいはエンジニアリングですよね。機械工学をちゃんと勉強しましょうみたいなことがずっと書いてあるんです。

明治の激動の時代のなかで、日本人一人ひとりが生きていくためにはそういった知的な技法を身に付けてないということを語ったので、当時ベストセラーとなったんです。

田原　なるほど。教養も大事だけど、その前に学ぶことがあると言っている。

冨山　いや、福沢からすると、簿記会計的な実用的な学問こそが教養だと言っているわけです。あの本がなんで売れたかといったら、極めてリアルなことを勧めているからです。それを現代に置き換えると、今の時代にこれから若者が生きていく時に、現実に生きていく上で彼らの武器になるような、知的な技法は何なんですか、ということをもう一回問い直そうよというのが私の問題提起です。

大学の先生方が行う教養教育もそれなりに大事です。でも、本当に、みんなが大学のカリキュラムのなかで学ばなければいけないことなのかどうか。

ものすごく高度な数学を武器にして生きていく人もいます。たとえば東大の物理学科とか、数学科を出た人は、非常に高度な数学を習得しています。経済学でも数学は使いますし、データ分析も数学が必須《ひっす》です。コロナ禍でもわかったように感染症予測も数学が必須で、当然情報工学にも必要だと。それはグローバル人材としては超一流でおおいにけっこうです。でも、みんながみんなグローバル人材になるわけではないし、数学を使わずに社会に貢献している人はごまんといます。

シェイクスピア文学に関してうんちく教養をいくら教わってもほとんどの人の人生には役に立たない。あそこに登場する様々な人間の業みたいなものに普遍性があるから古典的価値があるのですが、その中で自分がオセロだったら、リチャード三世だったらどう行動するかを真剣に考えるところまで学生を追い込まなければリベラルアーツとしては無価値です。だから大教室で黄色いノートで一方的な講義を行うことには、ほとんど価値はありません。

現代における普通の大学を出たあとに社会人になる圧倒的大多数の人たちにとって、東大理系並みの数学や専門的なシェイクスピア研究が必要かといえばいらないんです。経済学だって世の中で実際に行われている経済活動に関わる諸法則のエッセンスをわかることが最も大事で、本当に知りたい学生はその後、ちゃんと自分の力で学んでいくんです。だったら自分の力で学び考える基礎能力こそが、本来の意味でのリベラルアーツです。実際、平均的な経済学部の学生に難しい微分方程式を使った均衡論を教えても、より良く生きるための知的武器になりません。この人たちにとって大事なことは何ですか、といったら、同じ時間で簿記会計を身に付けることのほうが有益でしょう。簿記会計はビジネス、すなわち経済活動を記述する世界共通言語ですから。

田原　どういうことだろうか。

冨山　簿記や会計のルールは、世界のビジネスでは概《おおむ》ね共有されているので、それが読めれば会社の数字、事業の実態を客観的につかめるようになります。L型産業群の中小企業で勤めても、やっぱり簿記会計は大切になります。

こういうことを言うと会計業務は早晩ＡＩで自動化するから役に立たなくなるとか言う人間が出てきますが、それこそ教養不足の不見識。簿記会計を分かっていないと自動計算された決算書、財務諸表の意味が分かりません。複式簿記の仕訳で、なぜ売上が負債と同じ右側に記帳され、費用と資産が左側に記帳されるかというメカニズムが分からないと、財務諸表は理解できないので、そこから経営判断することもできない。まさに簿記会計は言語であり、この言語を持っていないとビジネスについて考えることができない。「はじめに言葉ありき」、人間は言語で考える生き物です。

福沢諭吉が「学問」、すなわちリベラルアーツと位置付けていることの多くはそれぞれの領域の「言語」です。

数学だってほとんどの人にとってはエンジニアリングを記述する言語として重要なんです。現代ならプログラミング言語はまさに言語です。こうした言語は最強のより良く生きていくための知の技法です。後の慶應義塾塾長の小泉信三《こいずみしんぞう》さんには悪いけど、「すぐ役に立ってずっと役に立つ」ことはちゃんと存在していて、それこそが大学でしっかり身に付けるリベラルアーツのはずです。

同じように実践的な英語スキルなんて言語そのものですよね。シェイクスピアが英語で読めることは豊かですし、そういう機会が大学の中で得られること自体は素晴らしいことだと思います。でも、それは二〇歳前後の若者に対して、生きていくうえで授けるべき必須のスキルでしょうか。大学全入時代と呼ばれて久しく、学生のレベルやニーズは多様化しています。その時代の変化に対応せずに、昔ながらの「大学」で授業を行っていることを私は批判しているんです。実際にいくつかの大学の再建や経営にもかかわった実体験から言っています。

無論、先ほど例に出した国際会議のような場所でシェイクスピアについて語れることは大きな武器になります。グローバルエリートは古典からのアナロジーの使い方がうまい。でもそれは単に知識があるからじゃなくて、自分の人生の厳しい選択において古典的真理に頼ってきているから、まさに自分の思考言語として習得しているからです。単なるうんちく教養ではない。

社会に役立つ実感が幸せにつながる

田原　しかし大学というのは教養を身に付け、高度な哲学とか高度な英文学をやるべきところであって、冨山さんが言うような実践的なことを教える所じゃないといわれたと。

冨山　大昔の大学進学率が一〇%くらいしかない時代だったら分かります。でも今や約六割の若者は大学に進学する。これだけ大衆化が進んだ時代に大学のあり方も変化し、多様化するのは当然のはずです。

現に大学全入時代と言われて久しく、私立大学の多くは事実上の就職予備校化しています。社会に出てから役立つか分からない授業と小手先だけのキャリア教育が並行して行われているような状況ですが、社会で役立つ技術を、学問的な広がりの中で学ぶことのほうが、学生にとってははるかに生きる力になります。

大学は、様々な人が様々な人生を送っていくうえで必要となる知的技法を、若い時はもちろん、生涯にわたり習得できる場所であるべきです。

だから本当に幅広く多様な大学があっていい。その一つの議論のための区分として、G型大学L型大学という概念を提示したら大学関係者から大炎上、「全大学人の敵」という名誉なレッテルまで張っていただきました（苦笑）。こっちはGとLに一切序列付けなんてしていません。むしろLこそがこれから大事だと言っているのに、勝手に「お前は大学序列を固定化するのか!?」と。すなわち文句を言っている側こそが、グローバル人材＝立派な人、ローカル人材＝残念な人だという固定観念を持っている、偏差値序列の世界の住人なんです。

実際、多くの大学生が勉強の世界で成功体験も自己肯定感も持っていない。これだけ大衆化したら当然です。大学の授業についても、こんなこと学んで何の役に立つのか、でも大学出ておかないと世の中いろいろ不利になると親も言うからしょうがないか、と思っている学生が多い。彼らに、「いやいや学問にもいろいろあって、中には君たちが生きていく上で役に立つものもあるんだよ」ということを教えるには、踏むべきステップがあって、今の高等教育はそこを軽く見ていると思います。

最近は地方の私立大学などで高校の内容の復習をするようなカリキュラムも増えました。実はスタンフォードビジネススクールでさえ、数学が弱い人のために日本で言えば高校レベルの数学、たとえば微積分の基礎や確率統計の基礎を教える補習授業、通称 poet class（詩人のための授業）がありました。

小中高で学ぶべきことの本質はまさに文理それぞれの領域の基礎言語です。基礎言語を知って、物事を理解できた感動があって、それで誰かの役に立てる実感があって、学生たちは学ぶことに前向きになれる。だからさらにレベルの高い言語であるリベラルアーツを大学で習得しようという意欲も湧いてくる。

田原　社会人はどうだろう。また学び直す時に、さっきグローバル人材の話は出たけど、L型ではどのような学び直しになるのだろうか。

冨山　大切な問題なので、少し極端な例を挙げます。就職氷河期でちゃんと就職できませんでした、コンビニのバイトしかしてきませんでした、という人がいます。もう四十歳くらいです。彼らが、ちゃんとした定職に就きたい、安定した収入がほしいというときに、この人たちにＡＩのプログラムを教えたってダメなんです。プログラミングもダメです。本当にプログラミングで飯を食おうと思ったら、もうインドや中国の若者と競うことになりますから。これは、ちょっと難しい。ましてや終身年功制でメンバーシップ型の大企業や役所に四〇歳で就職してうまく行くハードルはもっと高いです。

ただ、Ｌ型産業で活《い》きるスキルを身に付けられれば、即座に就職口を見つけることができます。たとえば大型第二種免許を取得してくれれば、どうぞみちのりグループに来てくださいと言えるんです。スキルを持つ人材が足りていない仕事は、特に地方ではいくらでもありますから。

もちろんこうした実学を大学でやる必要はないという意見も非常によくわかります。でもあえて、それを大学がやってはなぜダメなんですかと問いたい。大学が大きな意味での学びの場になって地域のハブになることを嫌がるのはなぜですか、それこそ現在の大学の同質性からなる閉鎖性ではないですかと。

ここまでの議論と全部つながっていくんですが、デジタル化すると従来の終身年功サラリーマンと相性のいい産業構造が破壊されていくので、だんだんとジョブ型が進みます。

ジョブ型の仕事が増えてくるということは、一つのジョブに対してある程度のスキルセットが求められるんです。大学でなくてもかまいませんが、そうしたスキルセットを学べる場所は必要になります。

学んだ知識を活かして、社会に役立っているという実感を持って働く。そうした人たちが新中産階級としてたしかな報酬を得られて十分な生活ができる。こうした未来を日本は目指すべきだと私は信じています。

日本が、おそらくは世界も、これから目指すべき社会経済モデルは、産業、企業、個人のあらゆるレベルで「新陳代謝を前提とした包摂的なシステム」です。そのために大学が多様性と柔軟性を持った、全体としてより包摂的な学びの場となっていくことは決定的に重要です。

おわりに——エッセンシャルワーカーが地方創生を牽引する

フラットな人間、田原総一朗

田原総一朗さんとは、約二十年前、私（冨山和彦）が産業再生機構のCOOを務めていた時期に取材に来られたことで知遇を得た。何と言っても相手は大ジャーナリストである。最初は随分と緊張した記憶があるが、あれだけの大ジャーナリストが、しっかりと下調べもされ、変な予断を持たずに真摯《しんし》に私や産業再生機構のことを取材していかれた。当時、産業再生機構が一方からは「市場原理主義集団」「外資ハゲタカの手先」「日本経済の醇風《じゅんぷう》美俗の破壊者」、他方からは「国家社会主義集団」「市場経済に介入する政治の手先」と正反対のレッテルを貼られて報道されていたなか、田原さんのような方が事実とロジックに基づいて取材をしてくれたことが本当にうれしかった。

それ以来、折に触れて取材に来られ、その際に専門外の政治の事や私が生まれる前の経済人の話などを教えてもらうようになった。田原さんは、単なる傍観者ではなく、自らが取材対象に働きかけることで、ジャーナリストとして形成された政治や社会に関する仮説を検証する「実践者」であり、私のような実践で飯を食っている人間にとって大きな道標《みちしるべ》となる方である。今回、その田原さんと対談共著の機会を頂いたことは、最高の僥倖《ぎょうこう》、素敵な贈り物をいただいた思いである。

二つの経済イデオロギーの死

バブル崩壊以来の三十年間、私は二つの経済イデオロギーが死を迎えたと考えている。

その直前の一九八九年。ベルリンの壁の崩壊でいわゆるマルクス・レーニン主義型の社会主義イデオロギーが寿命を迎えたことは周知のとおりだが、当時、我が国では、本書でもふれたように、「日本的経営」が経済社会システムとして「一人当たりGDP世界一」かつ「一億総中流」の理想社会を実現した！　ということで一種のイデオロギー化していた時期でもある。それは海外からも「ジャパン・アズ・ナンバーワン」と称賛され、ますます強固な経済イデオロギーとなり、当時の経済人をして「もう欧米から学ぶものはない」とまで言わしめた。

しかし、その直後に国内はバブル崩壊に見舞われ、世界では猛烈なグローバル化、デジタル革命が始まった。次々と現れるネット産業やバイオ産業のベンチャー企業群に日本の製造業、取り分け「電子立国日本の自叙伝」の栄華を誇ったエレクトロニクス産業は完膚なきまでに叩《たた》き潰《つぶ》される。金融、不動産、そして電機産業と続いた日本経済の停滞はじつに三十年に及んでいる。もはや日本的経営という経済イデオロギーは死んだとしか言いようがない。

「二つ」だからこれで終わりかと言うとそうではない。古い社会主義イデオロギーはもっと前に破綻《はたん》していたのでここで勘定に入れていない。二つ目の「死」はグローバリズム×デジタル革命を是とするある種の新自由主義的なイデオロギーである。これは国境を超えた「ヒト」「モノ」「カネ」の移動を自由化し、破壊的イノベーションを阻害する規制を撤廃し新たなデジタル型の新産業の勃興《ぼっこう》をあらゆる産業領域で促すことで、経済は成長し、人々はトリクルダウンであまねく豊かになるという仮説である。米国やEU、さらには中国がこの仮説に乗っかることで顕著な経済成長を実現したことは事実で、それに対応できなかった日本経済は長期停滞に沈んだ。

しかし、この仮説についても、トリクルダウンは起きず、デジタル型の新産業、新ビジネスモデルは著しく知識集約的で極めて高い知的資質と極めて高水準の教育を受けている

米国株時価総額ランキング

1989（平成元）年		2019（平成31）年	
1	IBM	1	マイクロソフト
2	エクソン	2	アップル
3	GE	3	**アマゾン・ドット・コム**
4	AT&T	4	**アルファベット（グーグル）**
5	フィリップ・モリス	5	バークシャー・ハサウェイ
6	メルク	6	**フェイスブック**
7	デュポン	7	ジョンソン・エンド・ジョンソン
8	GM	8	エクソン・モービル
9	ベル・サウス	9	ビザ
10	フォード・モーター	10	JPモルガン・チェース

太字の会社は創業30年に満たない。
週刊ダイヤモンド2019年5月18日号よりIGPI作成。

人々を圧倒的に豊かにするタイプの産業となってしまった。米国における一九八九年と二〇一九年で時価総額トップ一〇企業を比べてみれば明らかだが、新しい主役となったデジタル型知識集約産業は、フォード生産方式の組み立て型製造業のように大量の中産階級労働者を生み出す産業にはならなかったのである。

それがブレグジットやトランプ大統領が出現した背景にある格差や分断の要因の一つになったことは間違いない。二〇一〇年代に入ってからは、これら破壊的イノベーションの時代の「勝ち組」国においても生産性上昇率は顕著に下がりはじめ、経済成長も停滞期に入っている。政治、社会、そして経済的にも大きな限界にぶつかり、このモデルもイデオロギーとしては死を迎えつつあるのだ。

新たなイデオロギーか、新産業社会モデルの創造か

この共著対談でも田原さんはこの問題にどんどん疑問をぶつけてきた。米国で特に顕著な格差はあんまりではないか、なんで経営者があそこまでどん欲に金を欲しがるのか。他方で日本のサラリーマン企業はなんで稼げないのか、どんどん世界の動きに取り残されて行くのはなぜか。イデオロギーの眼鏡をかけず、目の前にある事実に対しフラットに疑問を持つ姿勢に、私も多くの刺激、インスピレーションをもらうことができた。

田原さんも私と同じくイデオロギー然としたものは嫌いらしい。戦争の前後で大人たちの主義主張が真逆に転換した体験が、およそイデオロギー的なものを疑ってかかる姿勢の根っこにあるという話をしてくれたが、私も経営の世界の修羅場において、イデオロギー的なものの考え方、見方がいかに役に立たないか、百害あって一利ないものなのかを痛感してきた。

したがって、昨今流行の資本主義の終焉《しゅうえん》だの、新たなイデオロギーが求められているだのという話は私も胡散《うさん》臭いと考えている。革命的な産業パラダイムのシフトに際して、従

来の仕組みがうまく機能しなくなる、結果として多くの人々が難しい立場に置かれて社会が不安定になるということは、人類史において度々起きてきた。現世においてその状況を救ってきたのは、新たな環境条件の中で合理的に機能する新しい社会システムの創造である。それを現実に実現できるのは、かつてのヘンリー・フォードがそうであったように、経済社会の最前線で問題に対峙《たいじ》しながら格闘している経済人をはじめとする実践者のみである。経済イデオロギーなんてものは、それを後付けでもっともらしく体系化しただけの話だと私は思っている。裏返して言えば、かのドラッカーが喝破した通り、経済人が堕落するとき、全体主義のような厄介なイデオロギーが台頭する。

浮世は不確実でアンフェアで人の運命は様々である。だからいつの時代も何らかの所得再配分メカニズムやセーフティネットは必要だが、それだけでは物事が解決できないことも社会主義の実験の失敗が証明している。グローバル化とデジタル革命が招来した産業社会モデルが歪《ひず》みをもたらしたなら、その問題に合理的、機能論的に向き合い、解決できる新たな産業社会モデルを創造する以外に答えはない。ヘンリー・フォードが大量生産方式による生産性向上で工場労働者の賃金を引き上げ、彼らがフォードの車を大量に買ってくれる偉大なる中産階級社会を作ろうとしたのと同様、今を生きる私たちがイノベーションを梃子《てこ》に幅広い産業、幅広い働き手の所得水準、生活水準を押し上げるようなビジネスモデル、産業社会モデルを作り出すしかないのである。

GとLで経済社会を見つめなおす

ミクロの経済現象である経営現場において、私が日本と世界が抱える問題を見つめ続ける中で着眼したのが「G(グローバル)とL(ローカル)」の視点である。経済社会圏が、製造業やIT産業などグローバルな経済圏で活躍する大企業や人材群と、地域密着型サービス産業などローカルな経済圏で活動する中堅・中小企業や人材群に分かれており、先進国ほど後者のLの世界の比率がGDP的にも人材的にも七割から八割の比率にまで大きくなっていること。そしてグローバル化とデジタル革命が進展すると、そこで勝ち組になれたGの経済圏は思い切り豊かに金持ちになるが、Lの経済圏とは直接の産業連関性がないためにトリクルダウンが起きないこと。そして労働市場の国際化を進めた国では、労働集約産業の多いL型産業に低賃金移民が流れ込み、ますます格差が拡大する。

日本の場合、残念ながらGの経済圏ではこの三十年間にわたり苦戦を強いられ、Lの経済圏は不振のグローバル製造業から押し出された雇用を吸収しながら低生産性、低賃金に苦しんできた。これに対し、米国や英国はデジタル型のGで勝ち組になったが、かつての大規模工場型のG型産業はやはり衰退、空洞化し、中産階級雇用を失っていった。この階層はここでもLの世界に流れ込み、そこで低賃金の移民と競合する。

二〇一六年のブレグジットに関する国民投票結果の背景について、翌年に英国で出版された“The Road to Somewhere”という著作が注目を集めた。そこで著者のデービッド・グッドハートはGの世界の住人をAnywheres、Lの世界の住人をSomewheresと表現し、後者をあまりに顧みなかったことが英国のEU離脱案可決の背景にあると分析している。

もちろんGとLですべてを説明できるわけではない。ただ、この枠組みで日本の長期停滞問題、欧米で起きている分断問題、それぞれの経済社会的な問題の実相がよく見えてくるのは確かだ。そして、いずれにしても、ローカル経済圏において、グローバル化とデジタル革命の果実を獲得できる新しい産業社会モデルを構築すること、L型産業の生産性、特に労働生産性を上昇させ、そこで働く人々の賃金水準の上昇と雇用の安定化を実現することが問題解決のカギとなる。

実は菅総理が官房長官時代から熱心に推進してきたインバウンド観光は、この条件を充たすビジネスモデルの一つである。コロナ禍で当面は厳しい状況だが、より多くの新しいビジネスモデル、新産業をこの経済圏で創造、確立していかなければならない。

二〇一四年、グッドハートよりも三年前に私はこの視点を『なぜローカル経済から日本は甦るのか』（PHP新書）という著書で提示したが、今回の対談はそれを現在にアップデートした内容も含んでいる。

東京都の経済成長率は国内ワースト一〇入り

東京一極集中の問題が指摘されて久しい。地震などの天災に対する国土の強靭性《きょうじん》という観点はともかく、もし東京一極集中が人々の生活を豊かにし、幸福感の向上にもつながっているなら経済社会的にはそれほど大きな問題ではない。しかし、最近のトレンドとして、東京の経済成長率は国内でも低い水準で低迷しており、一番新しい統計数値（二〇一七年）では四七都道府県中三九位、ワースト一〇に入っている（一位茨城県、二位山形県）。加えて東京の出生率が最下位を走り続けていることも周知の事実。

少なくとも生活の豊かさや幸福感において、東京が一極集中的なダントツ勝者とは思えない。社会増減では東京圏への人口流入は続いているので、東京は若者を吸収した上で子供を産ませない、人口のブラックホール、我が国の少子高齢化の元凶になっているのだ。

このようなアンビバレントな東京において、GとLの観点で何が起きているのか？

東京は大企業、すなわちG型産業の本社本部機能の集積が続いている日本を代表するグローバルシティであり、地理的にもその条件の多くを満たしている。しかし、肝心のG型産業が押され気味であり、世界水準で見ると日本の大企業は相対的に低付加価値、低生産性に喘《あえ》いでいる。特にホワイトカラーの生産性の停滞は顕著。また国際金融などの高付加価値経済活動のハブ競争では、シンガポールや上海《シャンハイ》の後塵《こうじん》を拝している。こうした状況は東京のGDP、すなわちそこで行われている付加価値生産の総計の低い伸び率に反映される。

次にL型産業の視点で見ると、東京は飲食、宿泊、小売、娯楽、生活サービスなどの地域密着型産業が日本で最も集積している場所である。域内GDP比率でみると八割以上がこうしたローカルなサービス産業であり、雇用比率はもっと高いだろう。しかしこうした産業は資本装備率が低く労働生産性は低い上に、地方から若年労働者が流れ込むので賃金はなかなか上がらない。その一方で過剰集積の進んだ東京圏の住宅費は飛びぬけて高く、通勤環境、子育て環境も突出して厳しい。だからL型産業で働く若者たちは結婚も出産も難しくなる。

東京の低い経済成長率は、日本経済がGとLの両方で苦戦している事実の反映なのだ。

「エッセンシャルワーカー経済圏」たるローカル経済圏の復権

ローカル経済とか地方創生とか言うと、多くの人々、特に東京を拠点に活動しているインテリの人たちはどうしてもマイナーな話、所得分配政策の対象となる少数の人々の話と考える。これはジャーナリストや霞が関の役人も例外ではない。未《いま》だに日本の経済社会の主役はトヨタやパナソニックのようなグローバル製造業、あるいは丸《まる》の内《うち》や大手町《おおてまち》に本社のある金融機関や商社だと考えてしまう。だから成長戦略の議論もG型産業の話に偏る。世の中が正解だとしていることを正解と考える癖のついた試験優等生インテリはファクトフルネスに忠実に考える能力に乏しいのだ。

もちろんG型経済圏で我が国も破壊的イノベーションを進めて新たな事業モデル、グローバルメガベンチャー、新産業を生み出し、この三十年間の失地を取り返すことは重要だ。小資源国日本において、こうした産業群が主に所得収支やサービス収支によって外貨を稼ぐことはこれからも重要だからだ。その意味でG型産業はGNI（国民総所得）のために頑張ってもらわねばならない。しかし、言っておくが、GDP（国内総生産）にこれから貢献する余地が大きいのはなんと言ってもL型産業なのだ。成長戦略についてローカル経済圏を脇役に議論することはナンセンスなのである。

もちろんコマツ相談役の坂根《さかね》正弘《まさひろ》さん、日本郵政社長の増田寛也さん、アイリスオーヤマ会長の大山健太郎《おおやまけんたろう》さんのように本気で同じことを考え実践しているリーダーは経済界にもいる。田原総一朗さんもその一人だ。いずれも私が尊敬してやまない方たちだが、残念ながらまだまだ少数派なのが実態だ。

そこに今回のコロナ禍でドイツのメルケル首相が使った「エッセンシャルワーカー」という言葉で、社会生活を支える基盤労働者が働く産業群としてローカル経済圏の重要性が世界的に認知された。同時に感染症対策で行動抑制がかかることでもっとも直接的な打撃を受けているのもこのL型産業群であり、そのスケール感について我が国でも広く知られることとなった。大企業の正社員を大雑把にG型経済圏の住人と考えると、それは勤労者の二割に過ぎない。実に八割の人々とその家族はLの世界、中堅・中小企業の社員あるいは非正規の立場で生きているのが現代日本の社会実相なのだ。そしてその多くが小売、物流、交通、飲食、生活サービス、医療介護など、社会生活を支える上で不可欠なエッセンシャルワーカーなのである。

経済成長という意味でも、社会的公正という観点からも、グローバル化とデジタル革命によって中産階級雇用を作る能力を失ったG型産業に代わり、L型産業で働く人々、エッセンシャルワーカーが新たな中産階級を形成する道筋を探ること、そしてローカル経済圏を復権させることこそが、日本と世界が包摂的な経済社会を取り戻す王道だと確信している。

新陳代謝を前提とした包摂的な経済社会システム

この道筋を進むうえで、現代のイノベーションを最大限活用していくことは必須《ひっす》である。そしてコロナ禍でデジタルトランスフォーメーション（DX）が加速拡大する状況において、破壊性を持ったイノベーションを取り込むには、産業構造の新陳代謝はGとLの区別なく不可避である。産業レベル、企業レベルの両方で新しいプレーヤーが現れ、主役が入れ替わっていくことを絶対に忌避してはならない。企業の淘汰《とうた》再編や廃業を「悪」としてしまうと、イノベーションの波に乗るどころかイノベーションによって産業全体が破壊される側にまわってしまうのだ。むしろ産業と企業の新陳代謝を促進する経済社会システムに転換しなくてはならない。

今までの日本の経済社会システムにおいては、企業、それも個社が終身年功型の長期雇用や会社をプラットフォームにした色々な福利厚生制度で、正社員たる働き手とその家族の生活、人生を共助的に支える仕組みがコアになっている。社会保険など国の社会政策もその上に乗っかっているものが多い。言わば個社共助に極端に偏ったセーフティネットシステムである。

しかし、産業構造が変化し、働き手の価値観も多様化する中で、非正規雇用の増加であるとか、製造業を中心に繰り返されるリストラとかで、高度成長期に形成された個社共助一本足打法は以前から限界を迎えていた。今回のコロナショックで、その脆弱《ぜいじゃく》性はますます明らかになっている。気が付いてみれば、困窮者に対して国が迅速に給付金を個人ベースで渡すインフラさえなかったのである。結果、雇用調整助成金を主力に会社に金を配るしかなく、そこから本当に困っている非正規やフリーターに金が回って行かないという問題が顕在化している。

裏返して言えば、個社にセーフティネット機能を過度に依存しているために、この国では会社を潰せないのである。迂闊《うかつ》に淘汰を進めると社会の底が抜けるリスクがあるのだ。

そのおかげで三〇年間、我が国はこれだけ甚だしい経済停滞、家計の所得減少を経験しながら、廃業率や失業率は先進国でダントツの低さを維持してきた。しかし、その代償としてイノベーションの波に乗り遅れ、成長機会の喪失、所得増加機会の喪失という高い機会費用を払ってきたのである。

個社共助に過度に依存したシステムは明らかに寿命を迎えている。特にローカル経済圏は中堅・中小企業が多く、職能的にも現場専門職的な雇用が多く、既に流動性の高い人材市場になっている。ここでイノベーションの成果を幅広く行きわたらせるためには、個社共助至上主義をさっさと捨て、新陳代謝を前提にした包摂的な経済社会システムを作り直すしかない。北欧のシステムがそれに近いが、個社よりも企業社会、産業社会、そして政府として個々人に対してセーフティネットを用意する方向へ大きく舵《かじ》を切るべきである。

政治、経済、アカデミアを担う次世代リーダーたちへの期待

DXの加速拡大で破壊的イノベーションの波はさらに多くの産業領域に及んでいく。従来、間接的な影響しか受けなかったローカル経済圏も、これからは完全に包み込まれるだろう。Eコマースによる宅配物流の爆発的増加や宿泊施設のオンライン予約で個人経営の旅館が世界に向けて直接集客できる時代になるなど、既に大きな変化は始まっている。そこに自動運転や遠隔医療、ロボティクス技術の活用などで、労働集約的でなかなか生産性が上げられなかったL型産業にも大きなチャンスが巡ってくる。私たちもみちのりグループの公共交通事業や南紀白浜空港運営で新しい技術をどんどん取り入れて、生産性向上に取り組んでいる。

ちなみに机の上で抽象的にものを考えるインテリは、ＡＩやロボット技術でこうした産業の雇用が失われることを危惧《きぐ》するが、現場でやっている立場からは机上の空論と言うしかない。現場に近いところ、リアル・フィジカルな対人的な業務ほど、人間の機械への置き換えは機能的にもコスト的にも難しい。加えて、少子高齢化社会では対人で供給と消費が同時同場的に行われるL型産業においては、生産労働人口の先行減少でますます厳しく人手不足になる。ＡＩ化で圧倒的に駆逐されるのはむしろG型産業の中間管理職業務や間接サービスの方である。ボーっとそんな抽象論を言っている大学の先生やアナリストの仕事もヤバいかもしれない。そうした人々は自分のことを心配したほうがいい。

ここまではローカル経済圏にとって美しい話だが、こうした新しい経営モデル、ビジネスモデルを作り出す能力を持っているのはやはり新しい人材である。特に不連続な変化が起きる破壊的イノベーションの時代においては、過去の経験は功罪相半ば、むしろ足枷《あしかせ》になる場合の方が多い。人材、とりわけリーダー人材の新陳代謝はここでも必須なのだ。

これから日本が挑まなければならないのは、産官学が力を合わせて全く新しい経済社会システムを創造、構築する作業である。当然、そのリーダーは新しい世代であるべきだ。二〇二〇年に私は還暦を迎えたが、世界でイノベーションを引っ張っているリーダーたちと比べるともう十分に年寄りである。政治、経済、アカデミアの全てにおいて世代交代を急ぐべきである。

ビスマルクは「経験に学ぶ愚者、歴史に学ぶ賢者」と語ったそうだが、人間は年を取ると自らの経験が豊富になるがゆえにほとんどが愚者となる。歴史は自分が生まれるずっと前からの話なので、変な経験に染まっていない若者の方が素直に学べるものだ。

私から見て、今どきの若者はいい感じだ。いわゆる「ミレニアル世代」(二〇二一年現在二〇代後半、三〇代の世代)、「ジェネレーションZ」(二〇二一年現在一〇代から二〇代前半)と世代が下るにつれ、個が独立した意識を持ち、会社みたいな中途半端な共同体を挟まずに社会との関係性を意識するタイプの人材が日本でも増えている。起業家も貧困から成りあがる「マネー、マネー、マネー」モデルだけでなく、社会課題解決を本気本音で最終ゴールと考えその手段として事業を成功させようというタイプの人材も出てきている。どちらのタイプも重要だが、ベンチャー経営者についても多様化が進むことはいいことだ。

これからの時代にリーダーシップを握っていくべきは、耐用期限の過ぎた昭和の成功のかけらも知らない、新しい時代の感性と価値観で育った彼ら彼女らであるべきだ。おかげさまで私は今でもかなり深い関わりをこの世代の若者と持てているが、本書で提示してきた新たな経済社会システム像と彼ら彼女らの世界観の相性もいいように思う。

唯一、リーダーとして足りないものがあるとすれば、修羅場経験、理不尽経験だろう。そのためにも早めにタフアサインメントでリーダーシップを担ってもらい、散々ひどい目に合っておいてもらうべきなのだ。田原さんは以前からそういう方だが、私もこれからは次世代のリーダーたちを応援し、可能な限りタフアサインメントの機会を作る側にまわっていこうと思う。

ＪＰｉＸ（日本共創プラットフォーム）始動へ

私はあくまでも実践者である。ＩＧＰＩ（経営共創基盤）グループとしての活動も、個人としての活動も、Ｇの世界、Ｌの世界の両方の再生、再活性化に当事者としてコミットしてきた。前者に関してはグローバル大企業の再生や経営改革、最近の言葉で言えば本書の中でもたびたび使っているコーポレートトランスフォーメーション（ＣＸ）やガバナンス改革、そして東大発ベンチャーに代表されるグローバルクラスを目指す本格的なメガベンチャー作りである。後者についてはみちのりグループでの地域公共交通事業や南紀白浜空港を軸とした地域経済の活性化事業である。

ここまでローカル経済圏が今後の経済成長の主役であると言い切っている以上、私自身が今まで以上にその実現に向けて本気で取り組むのは当然だ。そこで二〇二〇年をもってＩＧＰＩのＣＥＯも取締役も退任し、子会社として設立された株式会社日本共創プラットフォーム（ＪＰｉＸ＝Japan Platform of Industrial Transformation）の社長として二〇二一年からはローカル経済圏の中堅・中小企業の活性化、ＣＸＤＸに取り組むことを主業とすることにした。

ＪＰｉＸは地域の企業への出資や事業の買収を行ってＣＸＤＸを進める投資・経営事業会社だが、みちのりグループや南紀白浜空港がそうであるように、ローカル経済圏の企業の多くが地域の社会インフラを恒久的に担う事業であり、またＣＸＤＸ、労働生産性の向上には息の長い経営努力が必要な事業特性の産業が多い。そこで原則として恒久的に対象企業の経営に関われるように、あえてファンドフォーマットを取らず、株式会社型で私たちの理念を共有してくれる金融機関や事業会社に出資者として参画してもらい、一緒に民間主導の持続性のある地方創生を実現していく態勢を作っていく方法を選択した。ＩＧＰＩグループからは、みちのりグループや南紀白浜空港で蓄積したノウハウ・人材はもちろん、産業再生機構時代から二〇年にわたり蓄積してきたＬ型産業に関わる幅広い再生、ＣＸＤＸの経験をＪＰｉＸの活動に注ぎ込む。

二〇二一年一月時点で、ＫＤＤＩ、ゆうちょ銀行をはじめ、八社の参画を頂き本格的な活動を開始した。今後、優良な投資・経営案件を積み上げながら、そして有為な人材を糾合しながら、さらに多くの賛同企業を増やすことで、当面は一〇〇〇億円規模の投資能力を持った企業体へと発展させる構想である。大志としては、ＪＰｉＸが実績を積み上げることが地方創生のロールモデルとなって、民間主導の国民経済運動に拡大していくことを目指したい。

本書で田原さんと議論したことの多くは、ＪＰｉＸの活動綱領にもなっているはずだ。

これから様々な世代の読者の皆さんとJPiXの舞台、タフアサインメントの場でお会いできることを楽しみにしている。

二〇二一年三月

冨山　和彦

本書は二〇二〇年八月から九月にかけて
計四回行った対談を元に原稿を作成し、
両著者が加筆修正を行ったものです。

構成協力／石戸　諭
図版作成／舘山一大

冨山和彦（とやま・かずひこ）
日本共創プラットフォーム代表取締役社長、経営共創基盤（IGPI）グループ会長。1960年和歌山県生まれ。東京大学法学部卒。在学中に司法試験合格。スタンフォード大学経営学修士（MBA）。ボストンコンサルティンググループ、コーポレイトディレクション代表取締役を経て、産業再生機構COOに就任。カネボウなどを再建。解散後の2007年、IGPIを設立。数多くの企業の経営改革や成長支援に携わる。

田原総一朗（たはら・そういちろう）
ジャーナリスト。1934年滋賀県生まれ。早稲田大学文学部卒。岩波映画製作所を経て、64年東京12チャンネル（現テレビ東京）に開局とともに入社。77年フリーに。テレビ朝日系「朝まで生テレビ!」「サンデープロジェクト」でテレビジャーナリズムの新しい地平を拓く。87歳を迎える今でも活字と放送の両メディアにわたり精力的な評論活動を続けている。

新《しん》L型《がた》経《けい》済《ざい》
コロナ後《ご》の日本《にほん》を立《た》て直《なお》す
冨《と》山《やま》和《かず》彦《ひこ》　田《た》原《はら》総《そう》一《いち》朗《ろう》

2021年4月10日　初版発行
2024年10月25日　3版発行

◆◇◇

発行者　山下直久
発　行　株式会社KADOKAWA
〒102-8177　東京都千代田区富士見2-13-3
電話　0570-002-301（ナビダイヤル）

装丁者　緒方修一（ラーフイン・ワークショップ）
ロゴデザイン　good design company
オビデザイン　Zapp!　白金正之
印刷所　株式会社KADOKAWA
製本所　株式会社KADOKAWA

角川新書

ISBN978-4-04-082391-1 C0230